차별을 이겨 내는 힘 관심

초등 생활 보고서①

차별을 이겨 내는 힘 관심

초판 1쇄 발행 2009년 9월 25일
초판 4쇄 발행 2016년 7월 25일

지은이 | 박수경·윤선
그림 | 이안
발행인 | 이원주

임프린트 대표 | 김경섭
기획·편집 | 에듀웰
마케팅 | 노경석·조안나·이유진
제작 | 정웅래·김영훈

발행처 | 지식너머
출판등록 | 제2013-000128호
주소 | 서울특별시 서초구 사임당로 82
문의전화 | 편집 (02) 3487-1650, 영업 (02) 3487-8043

ISBN 978-89-527-5630-5 (73800)
　　　978-89-527-5629-9 (SET)

이 책의 내용을 무단 복제하는 것은 저작권법에 의해 금지되어 있습니다.
파본이나 잘못된 책은 구입하신 곳에서 교환해드립니다.

KC마크는 이 제품이 공통안전기준에 적합하였음을 의미합니다.
제조국 : 대한민국　　사용 연령 : 8세 이상
주의 사항 : 책장에 손이 베이지 않게, 모서리에 다치지 않게 주의하세요.

차별을 이겨 내는 힘 관심

초등 생활 보고서 ①

박수경·윤선 글 | 이안 그림

지식너머

작가의 말

멋진 미래를 만들어 갈
우리 친구들에게

엄마가 되어 아이가 하는 말 중에 가장 마음이 약해지는 말은 '다른 애들은 다 있는데……'예요. 다른 애들은 다 있는데 나만 없으면 애들한테 따돌림을 당한다는 거죠. 게임기가 그렇고 달마다 나오는 시리즈 만화책이 그렇고 핸드폰이 그렇죠.

그뿐인가요? 용돈이 적어서 간식을 못 사 먹는다고, 옷차림이 허름하다고, 자신감이 없고 소극적이라고, 함께 놀러 가지 못 한다고, 심지어 생일 파티를 하지 않는다고 해서 친구를 차별하고 따돌리는 모습까지 봤어요.

하지만 그게 어때서요? 저 친구는 용돈이 적은가 보다, 저 친구는 옷차림에 관심이 없나 보다, 저 친구는 성격이 조용하구나, 저 친구는 함께 못 가는 이유가 있나 보다, 저 친구는 생일 파티를 못 해서 속상하겠구나……. 이렇게 생각해 주면 안 될까요? 모든 친구들의 행동과 말에는 다 사연이 있고, 그저 내 생각과 다를 뿐이에요.

다르다는 건 틀린 게 아니에요. 누군가가 나와 다르다고 해서 그 사람이 잘못된 게 아닌데 우리들은 나와 다른 것을 잘 받아들이지 못하는 것 같아요. 하지만 세상엔 너무나 다양한 사람들이 다양한 방식으로 살고 있어요. 지금 우리 친구들 눈엔 우리 학교, 우리 반, 우리 친구들만 보이지만 세상을 좀 더 넓게 보면 세계엔 우리와 다른 수많은 사람들이 함께 살고 있어요.

 손으로 음식을 먹는 사람들, 학교에 가서 공부를 하는 것보다 부족의 문화를 배우는 것이 우선인 사람들, 옷을 거의 입지 않고 사는 사람들, 사냥으로 먹고 사는 사람들……. 그런데 그들이 우리와 사는 모습이 다르다고 해서 잘못된 걸까요? 그렇지 않아요. 모두 다르지만 함께 살아가고 있는 거예요.

 우리 반에서도, 친구끼리도 마찬가지예요. 게임기가 없어도, 옷차림이 달라도, 생각이 다르고 행동이 달라도 그 친구를 그대로 바라봐 주고 인정해 주세요. 나와 다르지만 저렇게 생각할 수도 있구나, 저렇게 행동할 수도 있구나. 서로를 이해하고 서로의 다름을 인정하는 것, 따뜻한 관심. 바로 그것이 미래를 멋지게 만들어 갈 우리 친구들에게 꼭 필요한 마음이랍니다.

책소개

아프면서 자라나는
초등생들의 성장 이야기

《초등 생활 보고서-차별을 이겨내는 힘, 관심》은 초등학교 어느 학급에서 일어난 왕따 문제를 같은 반 친구들이 용기를 내어 극복해 가는 이야기를 담고 있습니다.

이 책은 차별 문제에 있어서는 차별하는 아이, 차별당하는 아이, 모른 채 방관하는 아이 등 같은 반 친구라면 누구라도 이 문제에 무관할 수 없음을 강조하고 있어요. 그리고 친구들 서로가 어떻게 행동하는 것이 옳은지, 서로 행복하게 지내는 방법이 무엇인지를 이야기 해주고 있답니다.

이야기 속에는 친구들로부터 왕따를 당해 끊임없이 자신의 행동을 돌아보고 생각하는 아이, 왕따 당하는 친구를 모른 채 하며 지내오다 자신의 비겁함을 깨닫고 용기를 낸 아이, 미워하고 괴롭혔던 친구에게 잘못을 뉘우치고 손을 내밀어 용서를 구하는 아이 등 학교라는 작은 사회 속에서 서로 부대끼며 자라가는 아이들의 모습이 그대로 드러나 있습니다.

왕따 당하는 아이와 괴롭히는 아이를 선과 악의 시선으로 바라보는 것이 아니라 왕따 문제와 관련된 여러 아이들이 왜, 무엇 때문에 그렇게 생각하고 행동했는지, 여러 아이들의 이야기와 생각을 통해서 동일한 상황에 대한 각각 다른 감정을 세세하게 묘사하고 있습니다.

이를 통하여 왕따가 어떻게 만들어지는지, 왕따 당하는 아이의 마음이 얼마나 아픈지, 왕따를 모른 채 하며 지내는 것은 얼마나 불편한지를 공감하게 되고, 나 아닌 다른 친구들의 입장을 이해할 수 있는 마음이 생겨납니다.

그리고 이야기에 더해 실제 초등학생들이 학교생활에서 겪은 왕따 문제에 대한 솔직한 인터뷰가 실려 있어서 이야기 속에서 벌어지는 사건들이 현실에서 어떻게 발생하는지 알게 되고 공감하게 될 것입니다.

책을 다 읽고 나서는 차별을 이겨 낼 수 있는 비법을 모은 체크리스트를 꼭 활용해 보세요. 여러분의 복잡한 고민들이 천천히 풀려 나갈 거예요.

차 례

작가의 말 · 4

 5학년 3반 남석주 난동 사건
2009년 10월 5일 · 12

 박태민의 증언
나는 석주가 싫다 · 18 | 남석주 왕따시키기 대책 위원회 · 30
105 사건의 전말 · 38

 초등 생활 보고서 – 인터뷰
나도 친구를 왕따시켜 본 적이 있다? · 42

 남석주의 증언
나는 친구들이 좋다 · 48 | 난 점심을 제대로 먹고 싶다 · 58
105 사건의 전말 · 66

 초등 생활 보고서 – 인터뷰
나도 친구에게 왕따당해 본 적이 있다? · 68

이야기 넷 이준이의 증언

나는 남석주가 싫지 않다 · 74 | 내가 모르던 석주를 만나다 · 77
석주는 왕따다 · 84

 초등 생활 보고서 - 인터뷰
나도 왕따당하는 친구를 지켜본 적이 있다? · 90

이야기 다섯 '안티 남대위' 결성

가만히 있지 않겠어! · 96 | 제1라운드, 선생님은 우리 편 · 99
제2라운드, 반장의 역할 · 103 | 제3라운드, 정면 대결 · 106
세상이 조금씩 변하다 · 113

특별부록 차별을 이겨 내는 꼼꼼 체크리스트

1. 왕따란?   2. 나는 과연 왕따일까?   3. 나를 돌아 봐~ 나를!
4. 한 방에 날려 봐!   5. 바꿔! 바꿔! 모든 걸 다 바꿔!   6. 인기 짱 십계명
7. 나의 왕따 이야기-위인편   8. 나의 왕따 이야기-영화편   9. 클릭! Help me~
10. 내 마음을 받아 줘   11. 나는 어떤 친구일까?

아이들 사이에 '105 남석주 난동 사건'으로 불리게 된
10월 5일의 사건, 석주는 왜 교실에서 난동을 부렸을까?

2009년 10월 5일

"끄아아아아아아!"

반에서 한 덩치 하는 왕따 남석주가 책상을 뒤집고 책을 집어 던지며 난동을 부리고 있다. 마치 정신이 나간 것처럼 엉엉 울며 물건을 마구 집어 던지는 통에 친구들 중 누구도 석주를 말릴 수가 없다. 아니, 말리기는커녕 석주가 던지는 책에 맞기라도 할까 모두 멀찍이 물러서 있어야 했다.

"쟤, 왜 저러냐?"

"정신이 나간 것 같애!"

"선생님 모셔 와, 선생님!"

담임 선생님이 달려오고 교감 선생님까지 달려와 석주의 행동을 말리고 달랜 후에야 석주는 겨우 진정이 되었다. 교감 선생님이 직접

석주와 이야기를 나눠 보겠다며 흐느끼는 석주를 데려가셨다. 그리고 석주가 왜 그런 행동을 했는지에 대한 담임 선생님의 날카로운 질문이 시작되었다.

"석주가 왜 이런 일을 벌인 거니?"

5학년 3반 아이들은 모두 곤혹스러워하고 있었다. 아이들 모두 석주가 왜 그런 행동을 했는지 알고는 있었지만 어디서부터 어떻게, 뭐라고 설명해야 할지 알 수 없었기 때문이다.

"석주가 왜 물건을 던지고 책상을 뒤집었는지 너희들 정말 아무도 몰라?"

선생님의 추궁에 아이들은 모두 더듬거리며 석주에 대해 이야기를 하기 시작했다.

"석주는 진짜 이상한 애예요."

"쟤, 원래 저래요."

"정상이 아니에요."

선생님의 얼굴이 굳어졌다. 그러자 선생님의 표정을 본 아이들은 고개를 숙이며 너도 나도 발뺌을 하기 시작했다.

"저, 저희도 몰라요."

"갑자기 저래요."

"그냥 화장실 다녀와서 보니까 저러고 있더라고요."

아이들은 하나같이 잘 모르겠다는 듯 대답했다. 선생님이 굳은 표정으로 한숨을 크게 쉬었다. 그때였다.
"태민이가 알아요."
두려움이 섞였지만 또렷한 목소리, 반장 준이였다. 태민이가 준이를 노려보았다. 준이도 시선을 돌리지 않고 태민이를 마주 보았다. 준이의 눈동자가 살짝 흔들렸다.

"준이랑 태민이 선생님 좀 보자."

선생님은 반장 준이와 모범생 태민이를 데리고 교무실로 가셨다. 아이들은 어지럽혀진 석주 자리를 힐끔 보고는 가방을 메고 나가 버렸다. 여기저기 흩어진 석주의 물건만 텅 빈 교실에 남아 있었다.

'석주를 절대 용서하지 않으리라!'
태민이는 석주를 왜 용서하지 못하게 되었을까?

나는 석주가 싫다

 석주는 아주 지저분하다. 이를 전혀 안 닦는지 입에선 항상 냄새가 나고 코에는 언제나 콧물이 묻어 있다. 그 콧물이 입술 가까이 길게 내려왔다가 들이마시는 소리와 함께 다시 콧구멍 속으로 쭉 올라가는 걸 보면 정말이지 금방이라도 넘어올 것 같다. 목욕은 하는지 안 하는지 몸에서도 이상한 냄새가 난다. 옷은 일주일 내내 똑같은 옷을 계속 입는데 그나마 몸에 맞는 옷을 입는 걸 본 적이 없다. 항상 너무 짧거나 너무 길다.
 석주는 뭔가 좀 모자라다. 행동하는 게 그렇다. 수업 시간에 손을 들고 발표를 해야 할 때도 제멋대로 말해 버리거나, 갑자기 큰 소리를 내거나, 선생님께 말도 없이 벌떡 일어나 화장실에 가서 모두를 황당

하게 한 적도 한두 번이 아니다. 또 체육 시간엔 앞장서서 혼자 다 하려고 해서 말썽이다. 몸은 안 따라 주는데 마음만 너무 넘치는 게 문제인 것이다.

"내 공이야, 내 공! 나한테 던져!"

"나는 호나우두다! 메시다!"

공을 가지고 운동하는 날엔 공 한 개는 아예 석주에게 주어야 한다. 그래야 수업 시간이 편하다. 그 뿐만이 아니다. 친구들이 놀고 있을 때 무작정 달려들어서 게임을 망쳐 버리거나, 함께 해야 하는 청소 시간엔 너무 느려서 친구들 모두를 기다리게 하고 급식 시간엔 줄

도 안 서고 새치기를 한다. 또 친구들이 이야기하는데 계속 끼어드는가 하면 친구 물건 빼앗아서 달아나고, 합창 시간엔 음정, 박자 다 틀리면서 엄청 큰 소리로 노래를 부르는 등등 다 셀 수 없을 정도다. 석주 때문에 우리 반은 합창 대회에서 상을 타 본 적이 없다.

나로 말할 것 같으면 석주의 천적이라고 할 수 있다. 석주가 말썽을 부리거나 친구들을 괴롭힐 때 석주를 응징하는 영웅이 바로 나다. 내 입으로 말하긴 좀 쑥스럽지만 나는 공부도 잘하고 외모도 깔끔하다. 게다가 운동도 잘해서 친구들에게 인기도 많은 우리 반 대표 모범생이다. 친구들 사이에서 나는 정의의 사도이고 의리파다. 친구들은 석주가 덩치가 커서인지, 좀 모자라서인지 석주를 상대하길 꺼려 한다. 하지만 나는 석주가 하나도 두렵지 않고 불쌍하지도 않다. 그저 얄밉고 싫을 뿐이다. 그러니 석주를 상대할 이는 나밖에 없다.

얼마 전엔 이런 일이 있었다.

우리 반 규희가 새로 산 핸드폰을 가지고 왔다. 모두들 부러워하는 최신형 핸드폰이었다.

"우와, 진짜 멋지다!"

"이게 손만 대면 된다는 그 핸드폰 맞지?"

"색깔도 어쩜 이렇게 예쁜 핑크니?"

너도 나도 규희의 핸드폰을 구경하려고 몰려들었고 모두 서로 먼저 보려고 하는 통에 규희의 핸드폰이 바닥에 떨어지고 말았다.

"으왓!"

새로 산 핸드폰이 바닥에 떨어지자 규희의 얼굴이 일그러졌다. 옆에 있던 아이들의 표정도 함께 굳어졌다.

"어떡해……."

"규희야, 미안해."

규희가 금방이라도 울 것 같은 표정으로 핸드폰을 집어 들려고 할 때였다. 느림보 석주가 어느새 번개처럼 재빨리 다가와 규희의 핸드폰을 집어 들었다.

"내가, 내가, 내가!"

자기가 뭘 어쩌겠다는 건지 '내가!'를 외치며 핸드폰을 들고 도망가는 석주를 보고 규희는 끝내 울음을 터뜨렸다. 그 순간 나는 정의의 사도처럼 책상을 밟고 공중을 가르듯이 멋지게 달려가 석주의 뒤통수를 후려쳤다.

"이 고물 풍선 같은 놈!"

석주의 눈이 놀라서 왕방울 만해졌다. 나는 석주의 손에서 얼른 규희의 핸드폰을 낚아챘다.

"네가 이걸 왜 가지고 있어?"

"와!"

"역시 태민이야."

아이들이 박수를 치며 환호했고 나는 멋지게 규희에게 핸드폰을 건네주었다.

"자, 여기 네 핸드폰. 고물 풍선한

테서 내가 빼앗아 왔다."

"태민아, 고마워."

규희가 방긋 웃으며 눈물을 닦자 석주는 분한 듯이 씨근거리며 밖으로 나가 버렸다. 규희에게 미안하다는 말 한마디 없이. 석주는 그런 녀석이었다.

또 한 사건은 점심 시간에 벌어진 일이었다. 그날 급식 당번이 바로 석주였다. 반찬은 우리 모두 좋아하는 닭튀김이었는데 쭉쭉 잘도 줄어들던 급식 줄이 어느 순간 멈춰 버렸다. 무슨 일인가 하고 앞으로 가 보니 석주가 성준이에게 닭튀김을 주지 않겠다고 버티고 있는 것이었다. 당연히 성준이는 화가 났고 석주와 실랑이가 벌어졌다.

"너한텐 안 줘!"

"뭐 이런 게 다 있어? 이 닭튀김이 네 거야? 빨리 줘!"

"싫어, 안 줄 거야!"

"웃기는 놈이네. 빨리 줘!"

"안 줘!"

친구들 모두 빨리 성준이에게 닭튀김을 주라고 석주에게 따졌다.

"야, 고물 풍선, 빨리 줘!"

"야, 배고파! 빨리 해!"

"아, 뭐야?"

"쟤들 도대체 왜 저러는 거냐?"

"빨리 줘!"

하지만 석주는 급식 당번이 무슨 큰 권력이라도 되는 듯 절대 못 주겠다고 버텼다.

"싫어! 안 줘!"

"이 고물 풍선이!"

급기야 성준이와 석주가 맞붙었다.

친구들은 닭튀김이 든 반찬 통이 쏟아질까 봐 안절부절못했고 나는 석주와 성준이가 부둥켜안고 엎치락뒤치락 바닥을 뒹구는 사이, 재빨리 친구들에게 닭튀김을 나누어 주었다.

"자, 자, 빨리빨리 받아."

"오케이!"

그리고 성준이의 식판에도 닭튀김을 마지막 한 조각까지 수북이 담고 석주의 것은 하나도 남겨 놓지 않았다. 그건 성준이를 괴롭히고 말도 안 되는 권력을 휘두른 것에 대한 응징이었다. 친구들은 잘했다는 듯이 내 어깨를 툭 치고 지나가거나 윙크를 날렸다. 나는 이어서 여전히 붙어 나뒹굴고 있는 석주와 성준이에게 다가가 닭튀김을 나눠 주던 커다란 음식 집게로 석주의 머리통을 휘갈겼다.

"야, 고물 풍선, 그만 안 해!"

석주는 깜짝 놀라며 머리통을 부여잡았다. 석주가

뭐라고 말도 안 되는 말을 떠드는 사이, 나는 성준이를 데려가 식판을 보여 주었다.

"네 것 챙겨 놨다. 빨리 먹자."

성준이는 씩 웃으며 식판을 들고 나와 친구들 사이에 자리를 잡고 신나게 먹기 시작했다. 석주는 성준이가 닭튀김을 맛있게 먹는 모습을 보고는 그제야 식판을 들고 느릿느릿 반찬 배급 통으로 다가갔다. 그리고 닭튀김이 하나도 남지 않은 것을 보고는 울음을 터뜨렸다.

"으아아아앙!"

석주의 우는 모습에 '하나라도 남겨 놓을 걸 그랬나?' 하는 생각이 아주 잠깐 들었지만 '깨소금이다!' 하는 친구들의 말을 들으니 내가 잘했다는 생각이 들었다. 자기가 먹고 싶은 만큼 친구들에게도 공정하게 나눠 주면 될 텐데 왜 그렇게 심술을 부리고 자기 생각만 하는지 석주가 정말 한심했다.

반별 발야구 대회 때도 그랬다. 느리고 덩치가 커서 운동을 잘하지 못하는 석주가 자기도 선수로 나가고 싶다고 끈질기게 손을 들었다.

"저요, 저요, 저요!"

"그래요. 우리 반 친구 중에서 하고 싶은 사람은 누구나 다 할 수 있는 자격이 있어요."

"안 돼요! 석주는 안 돼요!"

"쟨 너무 느려요."

"쟨 운동 못해요!"

"우리 반이 틀림없이 지고 말 거예요!"

"석주 빼고 민석이 넣어 주세요!"

우리는 목소리를 높여 석주를 반대했지만 선생님은 우리들의 극렬한 반대를 무릅쓰고 기어이 석주를 선수로 뽑았다. 결과가 눈에 보이듯 뻔한 시합을 나가야 하는 우리는 처음부터 기가 팍 죽었다. 석주가 선수로 나온 걸 보고 상대팀인 5반은 환호를 지르며 기뻐했다.

"오오, 남석주다. 남석주!"

"남석주가 선수야!"

"웬일이니?"

"우리가 이긴 거나 다름없어."

"남석주, 잘 나왔다!"

"남석주, 최선을 다해라!"

"최고의 선수, 남석주!"

"국가 대표, 남석주!"

"와하하하하!"

석주는 5반 아이들이 자기에게 야유를 보내는 건 줄도 모르고 자기

이름을 불러 준다며 싱글벙글 웃었다.

"와하하, 나보고 열심히 하래. 히히……."

"한심한 녀석……."

나는 녀석의 머리통을 세차게 날려 주고 싶었지만 선생님께서 보고 계시니 꾹 참아야 했다. 애초부터 상대가 되지 않는 시합이었다. 남석주가 나온 것을 보고 기세가 등등해진 5반은 원래 그렇게 센 팀이 아니었는데도 아주 펄펄 날아다녔다. 발야구 대장인 나는 최선을 다했지만 석주의 어이없는 실책과 공 대신 운동화를 날리는 타구에 우리 반은 12대 7로 대패하고 말았다. 반 아이들은 모두 분해서 눈물을 뚝뚝 흘리는데 패배의 주요인인 석주는 아무 생각 없이 히죽히죽 웃기만 했다.

"아, 재밌어, 재밌었어."

석주의 웃는 모습을 눈물 사이로 지켜보던 나는 이를 악물고 결심했다.

'석주를 용서하지 않으리라!'

그 시합 이후, 우리는 모임을 결성했다. 이름하여 '남대위', '남석주 왕따시키기 대책 위원회!'를 만든 것이다.

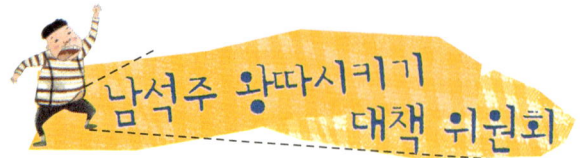

사실 석주는 지금도 이미 우리 반 왕따이다. 아니 전따라고 해도 될 만큼 전교생에게 무시를 당하고 있다. 하지만 석주가 아직까지 자신의 상황을 파악하지 못하고 너무나도 당당하게 지내고 있는 것 같아서 우리는 녀석이 뼈저리게 자신의 상황을 깨달을 수 있도록 도와주기로 한 것이다.

우리 '남석주 왕따시키기 대책 위원회', 간단하게 줄여서 '남대위'의 위원장은 바로 나, 박태민이다. '남대위' 회원은 석주를 나만큼이나 끔찍하게 싫어하는 성준이, 규희를 비롯해서 십 여 명이 넘는다. 우리는 늘 신이 나서 히히 웃고 다니는 남석주에게 심각한 차별을 겪게 해 주어 자신이 친구들에게 얼마나 따돌림 받고 있으며 반 아이들이 자신을 얼마나 싫어하는지 알게 해 주기로 했다.

우리는 선생님이 눈치채지 못하게 계획적으로 석주를 차별했다. 선생님이 매주 우리끼리 모둠을 정하라고 하실 때 우리 중 누구도 석주를 끼워 주지 않았다.

"야야, 누가 석주 좀 해결해라."

우리는 모둠이 없는 석주를 놀려 댔고 석주는 항상 한 명이 모자란 모둠에서 억지로 데려가야 했다. 쉬는 시간에 친구들끼리 게임을 하고 놀 때도 석주와 다른 친구가 같이 놀고 싶다고 오면 다른 친구는 끼워 주고 석주는 할 줄 모른다며 절대 끼워 주지 않았다. 석주는 우리들이 신나게 놀며 게임하는 모습을 가까운 곳에 앉아서 하염없이 지켜봐야 했다. 점심 시간에도 석주와는 아무도 밥을 같이 먹지 못하도록 '남대위'가 분위기를 조성했다.

"야, 남석주 철저하게 따돌려. 갠 우리 반 왕따야. 갤 차별하지 않는 애들은 똑같이 차별을 당할 줄 알아."

집이 부자인 규희는 거의 매일 맛있는 간식을 딱 한 명, 석주 것만 모자라게 가져와서 반 친구들에게 모두 나눠 주고 석주는 손가락만 빨게 했다. 먹는 것을 좋아하는 석주는 왜 항상 자기 차례에서 모자라느냐고 억울해 하며 데굴데굴 굴렀다. 그 모습을 보면서 '남대위'는 큰 소리로 비웃었다.

"하하하. 야, 너는 못 먹어. 너는 사람이 아니라 바람 빠진 고물 풍선이니까!"

　도서관에서도 석주가 읽고 싶어 하는 책은 도서부인 '남대위' 회원인 찬우가 '넌 이해 못한다'며 빌려 주지 않고 나에게는 읽어 보라며 석주가 보는 앞에서 바로 빌려 주었다. 석주는 부러운 눈으로 자기가 읽고 싶어 하던 책을 당당하게 빌려가는 내 모습을 오래도록 바라보았다. 석주는 눈에 띄게 기운이 없어지고 심하게 까불던 모습을 점점 잃어가기 시작했다.

　'남대위'는 나의 치밀한 계획에 맞춰 좀 더 과감하게 석주를 못살게 굴기로 했다.

**'남대위'의 첫 번째 작전.
먹는 거라면 사족을 못 쓰는
석주의 식량 보급을 차단하라!**

점심 시간, 지호와 규희가 나의 지령에 따라 석주와 일부러 부딪혀 식판의 반찬을 쏟게 했다.

"으악! 내 반찬!"

석주가 떨어진 반찬을 보며 얼굴을 일그러뜨리는 순간, 지호와 규희는 아주 가볍게

"어, 미안."

하고 돌아서 와 버렸다.

"나 반찬 좀 줘."

"김치라도 좀 주라!"

석주가 친구들에게 반찬을 구하러 다녔지만 누구도 석주에게 반찬을 나눠 주지 않았다.

"나도 없어."

"저리 가……."

석주는 그 후로 거의 매일 맨밥을 먹어야 했다.

'남대위'의 두 번째 작전. 담임 선생님께 문제아로 찍히게 하라!

담임 선생님은 늘 석주를 유난히 더 챙기고 신경을 써 주셨다. 그건 분명히 동정심 때문일 것이다. 하지만 석주가 계속 말썽을 피우고 선생님 말씀을 따르지 않는다면 선생님도 석주를 포기하실 것이다. 우리는 수업 시간에 석주를 약 올리기 위해 선생님 몰래 장난 쪽지를 써서 던졌다.

"으으으으……."

쪽지를 본 석주의 표정이 붉으락푸르락 일그러졌다.

"남석주, 왜 그래?"

"아이, 나는, 아윽……."

선생님이 석주에게 왜 그러냐고 물어보셨지만 석주는 흥분을 하면 말을 더 잘 못하기 때문에 제대로 설명을 하지 못했다. 우리는 아무것도 모르는 듯, 열심히 공부하는 척을 했다. 또 석주가 숙제를 빌려 달라고 하거나 준비물을 못 챙겨 왔다며 같이 쓰자고 해도 아무도 빌려 주지 않았다.

> 이 왕따야!
> 남석주는 우리 반 왕따, 우리 학교 전따!
> 고물 풍선 바보!
> 고물 풍선 터져 버려라~
> 고물 풍선 멀리 날아가라~

"남석주, 숙제 또 안 해 왔어?"

"남석주, 준비물 안 가져 왔니?"

석주는 매시간마다 지적을 받아야 했고 선생님은 매번 한숨을 쉬셨다. 조만간 선생님도 석주를 포기하실 것이다.

'남대위'의 세 번째 작전. 느리고 둔한 석주의 신체를 공격하라!

석주가 큰 몸을 흔들며 뛰어갈 때 발 걸기, 석주가 책 읽느라 집중할 때 머리통 치고 숨기, 체육 시간에 둔중한 몸으로 운동하는 석주 놀리기, 놀린다고 쫓아올 때 잽싸게 도망치기, 석주 엉덩이에 똥침 날리고 도망가기 등등.

'남대위'의 네 번째 작전. 녀석을 곤란한 상황에 빠뜨려라!

우리 대부분이 그렇지만 석주도 실내화 주머니를 신발장에 놓고 다닌다. 태준이는 석주의 실내화 한 짝을 신발장 맨밑에 숨겨 놓았다. 다른 아이들 같으면 바로 찾아내겠지만 석주한테는 살짝 숨겨 놓은 실내화 찾기도 하늘의 별따기 만큼 어려운 일일 것이다. 예상대로 석주는 교실에 도착하자마자 실내화를 찾기 시작했다. 그리고 교실로 들어와 친구들을 추궁하기 시작했다.

"내 실내화, 봤어? 못 봤어?"

"아이, 저리 가. 네 실내화를 내가 어떻게 알아?"

"내 실내화 어디 갔는지 아는 사람?"

"네가 알지 누가 아냐?"

"아유, 쟤 또 왜 저래?"

아이들은 모두 귀찮아했고 아무도 석주의 실내화를 함께 찾아 주지 않았다. 석주는 한쪽 실내화만 신고 하루 종일 깽깽이로 다녔다.

덩치 큰 녀석이 한 발로 비틀거리며 깡충깡충 뛰어다니는 모습이 정말이지 너무 웃겨서 우리는 배꼽을 쥐고 웃었다. 또 석주의 책상을 뒤로 돌려 놓거나 의자를 살짝 치워 놓는 일도 재미있었다. 석주가 당황하는 모습이 정말 웃겼기 때문이다.

그리고 며칠 후, 10월 5일에 바로 그 사건이 일어났다.

105 사건의 전말

10월 5일, 남석주가 교실에서 난동을 부린 그 사건을 우리는 '105 사건'이라고 부른다. 사건의 발단은 이렇다.

그날, 나를 비롯한 우리 '남대위' 회원들 모두가 유난히도 심심하고 지루해서 뭔가 재미있는 일이 없나 주변을 둘러보고 있었다. 그때 덩치 큰 석주가 내 눈에 띄었다.

나는 머릿속으로 이런저런 계획을 세워 보았다. 그것은 바로 '남대위'의 네 번째 작전. '녀석을 곤란한 상황에 빠뜨려라!'를 실행하는 것이었다. 나는 석주를 어떤 곤란한 상황에 빠뜨릴까 고민하면서 석주의 일거수일투족을 세심하게 살펴보았다.

점심 시간까지 석주의 행동을 관찰하면서 나는 한 가지 재미있는 사실을 발견해 냈다. 그것은 석주가 오줌을 굉장히 자주 보러 간다는 것이었고 늘 매우 급하게 화장실로 달려간다는 것이었다.

"아아, 급하다, 급해 오줌 싸겠다!"

녀석은 오줌을 잘 참지 못하는 것이 틀림없었다.

그 순간 나의 빠른 두뇌가 돌아가며 아주 기발한 아이디어가 떠올랐다. 남석주를 매우 매우 곤란한 상황에 빠뜨릴 끝내주는 아이디어! 점심 시간이 끝날 무렵 나는 재빨리 '남대위' 회원들을 불러 모았다.

"자, 빨리 모여 봐. 이번엔 진짜 재밌는 일이야."

"뭔데, 뭔데?"

"남자애들만 필요해."

"뭐? 그럼 우리 여자들은 빠지라고?"

"너희들은 지켜봐. 진짜 재밌을 거야. 구경꾼이 많을수록 좋아."

"무슨 일인데 그래?"

"그러니까 말이지…… ."

행동 개시는 종례 시간 후, 바로. 석주네 모둠이 청소 당번이므로 석주는 분명히 교실에서 청소를 하기 위해 남을 것이다. 우리는 그때를 노리기로 했다. '남대위' 회원들은 오랜만에 재미있는 일을 보게 될 거라는 기대감으로 잔뜩 들떠 있었다.

작전 회의 후, 나와 '남대위' 회원 중 남자 아이들은 복도에서 어슬렁거리며 석주가 화장실에 가기를 기다렸다. 아주 잠시 후, 아니나 다를까 석주가 바지춤을 부여잡고 매우 급한 듯 화장실로 달려갔다.

"행동 개시!"

그와 동시에 우리도 일제히 화장실로 달려갔다.

"빨리, 빨리! 먼저 가야 해!"

석주보다 빠른 우리들은 소변기와 좌변기까지 모두 차지하고 오줌을 누거나 누는 체를 했다. 뒤늦게 화장실에 도착한 석주는 비어 있는 변기가 없자 안절부절못하며 어쩔 줄을 몰라 했다.

"어어? 어떡해, 어떡해!"

다른 아이들 같으면 아래층이나 위층 화장실로 뛰어 올라갔겠지만 석주에게는 그런 머리가 없었다. 석주는 발을 동동 구르며 우리들을 재촉했다.

"빨리, 빨리 해라. 나 급하다!"

하지만 우리는 최대한 느리게, 천천히 오줌을 눴다.

"뭐야? 저리 가!"

"오줌도 제대로 못 누게 하냐?"

"여기가 네 전용 화장실이냐?"

그리고 여유 있게 바지 지퍼를 올리고 모두 변기에서 물러나려는 순간, 우리가 예상치 못했던 상황이 발생했다.

석주가 바지에 오줌을 싼 것이다. 석주가 오줌을 참느라 쩔쩔 매는 상황까지만 생각했던 우리는 석주가 바지에 오줌을 싸 버리자 모두 얼음처럼 그 자리에 굳어 버렸다. 나 역시 너무 당황해서 이 순간을 어떻게 해야 할지 아무 생각도 나지 않았다.

석주가 이렇게까지 오줌을 못 참았단 말인가? 5학년이 바지에 오줌을 싸다니……. 녀석이 한심하기도 하고 너무 큰일이 벌어진 것 같아 염려되기도 해서 어찌할 바를 모르고 서 있는데 석주가 짐승처럼 울부짖기 시작했다.

"끄아아아아아아!"

석주는 큰 소리로 울며 교실로 달려갔다. 우리도 서로 눈치를 보며 석주를 쫓아 교실로 갔다. 청소하던 아이들과 아직까지 교실에 남아 있던 많은 아이들 모두, 눈이 동그래져 울부짖는 석주를 피해 한쪽으로 물러나 있었다. 모두들 매우 놀란 표정이었다.

그때 갑자기 석주가 자기 물건을 여기저기 집어 던지기 시작했다. 괴성을 지르고 울부짖으며 책상도 뒤집어엎고 의자도 쓰러뜨렸다. 105 남석주 난동 사건은 그렇게 시작된 것이다.

초등 생활 보고서 - 인터뷰

나도 친구를 왕따시켜 본 적이 있다?

우리 친구들도 태만이가 석주에게 한 것처럼 다른 친구를 차별하고 왕따시킨 경험이 있나요? 어떤 이유에서든 차별은 좋지 않아요. 현재 초등학교에 다니고 있는 친구들의 솔직한 이야기를 들어 보고, 그런 일이 왜 일어났는지, 무엇이 문제였는지, 어떻게 하는 것이 옳았는지 함께 생각해 보기로 해요.

1. 놀렸다고 엄마까지 불러온 친구가 싫었어요

은로초등학교 지아 (3학년)

우리 반에 유난히 키가 작은 친구가 있었어요.
우리가 키가 작다고 몇 번 놀렸더니 울어 버리더라고요.
그런데 그 친구가 자기 엄마를 불러온 거예요.
우리는 그 친구 엄마한테 많이 혼났어요.
놀렸다고 엄마까지 부르다니……. 너무 유치하잖아요.
우리는 그 아이 엄마한테 혼날까 봐 다시 놀리거나 때리지는 않았지만,
그 뒤로 그 친구한테는 말도 걸지 않고 놀 때 끼워 주지도 않았어요.

2. 공부 못한다고 왜 친구를 미워했을까요?

은로초등학교 민서 (6학년)

4학년 때, 반에서 공부를 못하는 친구가 있었어요.
수학 성적이 나왔는데 점수가 너무 형편이 없더라고요.
그래서 머리가 모자란 거 아니냐며 놀리고 때리고 그랬어요.
사실 저도 공부는 참 하기 싫거든요. 그런데 공부 못한다고 때리다니…….
지금 생각하면 너무 미안해요.

3 친구가 나를 배신했다고 생각했어요

은로초등학교 성하(3학년)

같은 반에 좋아하는 남자아이가 있었어요.
그래서 친한 친구에게만 살짝 그 이야기를 했는데
이튿날 반 친구들이 그 사실을 모두 알고 있더라고요.
너무 화가 나서 친했던 친구를 왕따시켰어요.
그 친구가 미안하다고 사과했지만 받아 주지도 않고, 완전히 무시했죠.
그 후, 그 친구는 멀리 이사를 갔고 전학을 갔어요.
지금 생각하면 '내가 너무 심했나?'라는 생각도 들고,
조금 미안하기도 하지만, 그때는 너무 화가 나서
친한 친구들까지 내 편으로 만들어서 그 친구를 따돌렸어요.

4 정말 아픈 지 몰랐어요

은로초등학교 성민(6학년)

우리 반에 장애인 친구가 있었어요.
때린 것도 아니고, 조금만 부딪혀도 아프다고 너무 엄살을 부렸어요.
그래서 우리는 너무 나약하다고 놀리고 때리고 그랬어요.
뿐만 아니라, 우리가 때리면서도 '그 친구 몸에 닿은 우리 손이 썩으면 어쩌지?'
하며 걱정을 했죠. 우리 반 여자애들도 그 친구가 가까이 오면
너무 싫어하며 도망 다녔어요. 우리는 그 친구 가방도 밟고 몰래 갖다 버리고
그랬어요. 그 친구 이름이 배성민이었는데 '배설물'이라고 놀리기도 했죠.
그런데 나중에 그 친구 엄마가 학교로 찾아와서 이야기를 들어보니
그 친구가 엄살을 부린 게 아니라 어렸을 때 사고를 당해서
진짜로 몸이 많이 아픈 거였더라고요. 사실을 알고 나니
그동안 못되게 군 게 많이 미안했어요.

함께 잘못한 건데 왜 나만 혼나야 하죠?

은로초등학교 동명 (5학년)

친구들과 놀다가 모르고 서 있던 자동차에 흠집을 냈어요.
나중에 차 주인이 와서 차 값을 물어내라며 엄청 혼냈어요.
그런데 같이 놀던 친구가 무섭다며 혼자 도망을 간 거예요.
같이 놀다가 그런 건데 혼자 도망을 가 버리니 무척 괘씸하더라고요.
차 주인한테 혼날 때 저는 너무 무서워서 많이 울었거든요.
그런데 혼자 도망가 버리다니 정말 용서할 수가 없었어요!
그 후로 수업 시간에도 그 친구를 도와주지 않고,
쉬는 시간에는 그 친구 자리에 가서 욕을 하곤 했어요.

 미운 애는 미운 짓만 골라서 해요

은로초등학교 종한 (6학년)

3학년 때 축구를 했는데 잘하는 친구가 한 명밖에 없는 거예요.
그 친구가 없는 팀이 불리해지자 싸움이 일어났어요.
불리한 팀에 나서기 좋아하는 튀는 애가 있었어요.
처음부터 우리 친구들은 그 아이를 별로 안 좋아했어요.
그런데 그 친구가 자기 팀이 불리하다고 하니까 짜증이 나더라고요.
다른 친구도 아닌 안 좋아하던 아이가 말하니까 더 그랬어요.
그래서 그 아이 말을 무시하는 분위기로 몰고 갔더니,
기분이 나빴는지 그 뒤로 항상 혼자 다니고 혼자 행동하더라고요.
하지만, 그 아이가 우리를 멀리한 거지
우리가 왕따시킨 건 아니라고 생각해요.

못된 아이였지만 그래도……

문산초등학교 재준(5학년)

다른 아이를 욕하고 다니고 잘난 척도 심한,
한마디로 재수 없는 아이가 있었어요.
그래서 왕따를 시켰지요. 친구들이랑 모여서
그 아이를 어떻게 괴롭힐까 상상하는 것이 즐겁기까지 했어요.
분명 그 아이가 잘못한 건 맞지만, 지금 생각하면 미안해요.

 ## 불쌍한 친구였는데 그때가 후회돼요

묘곡초등학교 소연(6학년)

부모님이 안 계시고, 빌라 지하 방에서 사는 아이가 있었어요.
왜 그런지 모르겠지만, 그 아이한테는 늘 이상한 냄새가 났어요.
옷도 늘 지저분했고요. 그래서 친구들이랑 많이 놀리고 따돌렸었는데
지금 생각해 보니 부모님도 없이 혼자서 얼마나 외롭고 힘들었을까 싶어
너무 불쌍해요. 잘해 줄 걸 후회도 돼요.

 ## 박쥐같은 친구는 필요 없어요

문산동초등학교 재정(5학년)

나한테는 다른 친구 욕을 하고, 그 친구한테는 내 욕을 하고 다니는
아이가 있었어요. 그래서 그 친구를 따돌렸어요.
복수를 하는 것 같아서 시원했어요.
솔직히 자기가 잘못하고 다녔으니까 따돌림을 당해도 괜찮다고 생각해요.

자신이 왜 왕따당하는지도 모르고 친구들에게
따돌림당하고 차별당하는 남석주, 석주는 정말 나쁜 아이일까?

나는 친구들이 좋다

　나는 친구들이 좋다. 하지만 친구들은 나를 좋아하지 않는다. 나와 놀아 주지 않고 나와 말도 하지 않는다. 내가 다가가면 친구들은 다른 곳으로 가거나 도망간다. 어떤 땐 내가 교실에 아예 없는 것처럼 행동할 때도 있다.

　나도 내가 좀 이상하고 모자라다는 걸 안다. 그래서 친구들이 나를 좋아하지 않는 것 같다. 하지만 나는 일부러 그러는 것이 아니다.

　나는 공부를 못한다. 그래서 친구들이 싫어하는 것 같아서 집에서 공부를 열심히 했다.

　"아이고, 우리 아들이 공부를 다 하네. 해가 서쪽에서 뜨겠다."

　"엄마, 해가 어떻게 서쪽에서 떠? 동쪽에서 뜨지!"

　"하하하……."

엄마도 내가 공부하는 모습을 보고는 아주 좋아하셨다. 그렇게 열심히 공부를 했더니 수업 시간에 선생님의 질문 중에 아는 답이 있었다. 정말 신이 났다. 나도 친구들처럼 당당하게 정답을 말할 수 있게 된 것이다.

나는 선생님과 친구들에게 내가 안다는 것을 알려 주고 싶었다. 내가 먼저 말해야 하는데 다른 친구가 말할까 봐 마음이 조마조마했다. 그래서 나는 큰 소리로 답을 말했다. 그리고 선생님과 친구들이 나를 향해 박수라도 쳐 줄 것 같은 기대감에 한껏 부풀었다. 그런데 선생님은 나를 보며 웃어 주셨지만 친구들은 모두 나를 노려봤다. 한심하다는 듯이 수근대기까지 했다.

내가 뭘 잘못한 걸까? 친구들에게 내가 뭘 잘못했냐고 물어보고 싶었다. 나는 그냥 나도 공부를 열심히 한다는 걸 친구들에게 알려 주고 싶었을 뿐이다. 그런데 친구들은 왜 나를 싫어할까?

그래서 나는 '아니야!'라고 친구들에게 크게 말해 주었다. 그랬더니 이번엔 선생님까지 놀라서 나를 바라보셨다. 친구들이 나를 더욱 이상한 눈으로 바라보는 게 느껴졌다.

나는 오줌을 잘 참지 못한다. 어려서부터 그랬다. 하나도 마렵지 않다가 갑자기 오줌보가 터질 것처럼 급해지는 것이다. 엄마 말씀이

무슨 병이라고 그랬다. 솔직히 나는 학교에 들어갈 때까지 이불에 오줌을 쌌다. 오줌 싸는 것 때문에 학교에도 가기 싫었다. 1, 2학년 때는 수업 중에 바지에 오줌을 싸서 울며 집으로 돌아간 것도 한두 번이 아니다.

나는 옷에 오줌을 싸는 게 정말 싫다. 너무 창피해서 죽을 것만 같다. 엄마는 새 학년에 올라갈 때마다 담임 선생님께 내가 오줌을 참지 못한다는 말씀을 해 주셨다. 선생님은 오줌이 마려우면 언제든지 화장실에 가도 좋다고 허락해 주셨다. 지금도 그렇다. 그래서 나는 언제라도 오줌이 나올 것 같으면 바로 화장실로 달려간다.

나는 공부를 잘 못하지만 체육을 좋아한다. 특히 공을 무척 좋아한다. 어렸을 때 아빠랑 공을 주고받는 놀이를 많이 했었다. 나는 공 주고받기를 잘할 자신이 있다.

나도 친구들하고 공 주고받기를 하고 싶었다. 그런데 친구들은 나에게 공만 하나 던져 줄 뿐, 함께 공 주고받기를 해 주지 않았다. 공 주고받기는 둘이서 해야 하는데……. 그래서 나는 혼자 공을 던지고 달려가서 받는다. 하지만 혼자서 공 주고받기를 하는 건 별로 재미가 없다.

나는 행동이 느리다. 빨리 달리고 빨리 움직이고 싶지만 잘 되지 않는다. 친구들과 놀고 싶은 마음에 빨리 움직이면 달려드는 게 되어 버린다. 친구들은 놀라서 도망가 버린다. 나는 그냥 친구들과 어울리고 싶었을 뿐인데…….

청소 시간은 내가 특별히 좋아하는 시간이다. 엄마는 청소를 꼼꼼히 해야 한다고 하셨다. 그런데 친구들은 아주 빨리 한다. 나는 꼼꼼히 아주 정성스럽게 한다. 여기저기 먼지가 없는지, 머리카락이 떨어지지는 않았는지 아주 자세히 살펴보고 깨끗하게 청소한다.

그런데 친구들은 나보고 빨리빨리 하라고 한다. 하지만 빨리빨리 하면 깨끗이 할 수 없다. 내가 청소를 끝내고 나면 함께 청소하던 친구들은 다 가 버리고 교실엔 아무도 없다. 그럼 갑자기 무서워지고 슬퍼진다.

나는 늘 배가 고프다. 엄마가 바쁘셔서 아침도 잘 먹지 못한다. 집엔 간식도 거의 없다. 솔직히 나는 학교에 들어서는 순간부터 점심시간만 기다린다. 내 배에서는 언제나 꼬르륵 소리가 나고, 수업 시간 내내 밥 먹는 생각만 계속 난다. 드디어 점심 시간이 되면 내 눈에는 아무것도 보이지 않는다. 나는 빨리 밥을 먹고 싶다.

밥을 먹고 나면 친구들이 보인다. 친구들에게 어제 본 텔레비전 이야기나 책 이야기를 하고 싶다. 친구들이 모여 있는 곳에 가서 나도 이야기할 차례를 기다리지만 아무도 나한테 관심을 갖지 않는다.

　나는 언제 내 이야기를 해도 좋은지 알 수가 없다. 한참을 기다리다가 내가 이야기를 하면 친구들은 끼어들지 말라면서 나를 밀쳐낸다. 내 이야기도 재미있는데 아무도 들으려고 하지 않는다. 친구들은 마치 내가 없는 사람인 것처럼 신경도 쓰지 않는다.

　그래서 나는 친구들이 나에게 관심을 갖게 하려고 친구의 물건을 들고 뛴다. 그러면 친구들이 모두 나를 본다. 그리고 내 이름도 부른다.

　"야, 남석주!"

이 순간이 나는 행복하다. 친구들이 내 이름을 알고 있다. 모두 나에게 관심을 갖는다. 하지만 나는 결국 남자아이들한테 잡혀서 한 대 얻어맞거나 물건을 빼앗긴다. 그렇게 하지 않아도 내가 돌려주려고 했는데……. 이럴 때마다 한 대 맞아서가 아니라 내 마음을 몰라주는 친구들 때문에 눈물이 날 것 같다.

나는 노래 부르기도 참 좋아한다. 엄마도 선생님도 노래는 즐거운 마음으로 정성껏 불러야 한다고 하셨다. 그래서 나는 언제나 정성을 다해 신나게 부른다. 그러면 선생님은 웃으시지만 친구들은 나를 또 노려본다. 엄마랑 선생님 말씀을 잘 들으면 친구들이 싫어하는 것 같다.

나는 태민이가 좋다.

태민이는 멋지다. 공부도 잘하고 운동도 잘하고 잘생겼고 인기도 많다. 특히 발야구를 진짜 잘한다. 태민이는 나랑 다르게 동작도 빠르고 친구들하고도 잘 논다. 친구들은 모두 태민이를 좋아한다. 하지만 태민이는 나를 싫어하는 것 같다.

내가 친구들 물건을 가지고 뛸 때면 언제나 태민이가 나를 쫓아와서 내 머리통을 후려친다. 진짜 아프다. 태민이는 작지만 힘이 세기 때문이다. 찔끔 눈물이 날 때도 있다. 그리고 친구들 물건을 잽싸게 내 손에서 빼앗아 주인에게 돌려준다. 내가 돌려주기도 전에 태민이가 달려와 가져가는 걸 보면 태민이는 성격이 급한 것 같다. 아니면 쫓기 놀이를 좋아하든지, 아니면 나를 무지 싫어하든지.

나는 규희도 좋아한다. 규희는 예쁘다. 옷도 항상 공주처럼 입는다. 나는 규희가 정말 좋아서 언제나 친해지고 싶다. 하지만 규희는 공주님들이 그렇듯이 나하고는 말 한마디 하지 않는다. 나에게는 눈길조차 주지 않는다. 나는 어떻게 해야 규희가 나를 봐 줄까 날마다 고민한다.

그런데 어느 날, 규희가 새 핸드폰을 가지고 왔다. 나도 텔레비전에서 본 적이 있는 아주 멋진 핸드폰이었다. 그건 규희에게 정말 잘 어울렸다. 친구들이 모두 규희 주변에 모여 구경을 했다. 나도 가까이에서 구경해 보고 싶었다. 그리고 규희에게 '너한테 잘 어울려'라고 말해 주고 싶었다.

하지만 규희의 핸드폰을 만져 볼 차례는 내게 오지 않았다. 아니, 규희한테 말 한마디 하기도 어려웠다. 내가 안타까워하며 지켜보고 있는데 기회가 찾아왔다.

규희가 핸드폰을 떨어뜨린 것이다. 나는 규희의 핸드폰을 주워 주고 싶었다. 다른 친구들이 아닌, 내가 해 주고 싶었던 것이다.

"내가, 내가, 내가!"

나는 규희의 핸드폰을 잽싸게 주워 들었다. 그런데 친구들이 또 화를 내고 소리를 쳤다.

"야, 남석주, 이리 안 내 놔!"

문득 한 가지 생각이 머릿속을 스쳤다. 핸드폰을 들고 도망가 볼까? 그러면 규희가 나에게 관심을 가질지도 모른다. 내 이름을 불러 줄지도 모른다. 나는 무작정 달리기 시작했다.

그러나 이번에도 곧 태민이의 뒤통수 한 방에 나가떨어지고 말았다. 결국 규희에게 핸드폰을 돌려주는 건 태민이의 역할이 되었다. 친구들은 태민이에게 박수를 치며 환호했다.

"와!"

"역시 태민이야."

규희도 태민이에게 고맙다는 말을 했다.

"태민아, 고마워."

나는 무척 슬펐다. 혼자 있고 싶었다. 그래서 수돗가로 갔다. 내가 규희에게 돌려주고 싶었는데. 규희가 '석주야, 고마워'라고 말해 줄 줄 알았는데. 닦아도 닦아도 계속 눈물이 흘렀다.

난 점심을 제대로 먹고 싶다

우리 반 성준이는 나를 잘 놀린다. 놀리고 때리고 도망가기도 하고 귀찮게 하지만 난 매번 꾹 참기만 했다. 하지만 성준이가 급식 당번일 때의 일은 도저히 참을 수가 없었다.

성준이가 급식 당번인 주에 성준이는 나에게 반찬을 김치만 주고 아무것도 주지 않았기 때문이다. 그날은 계란말이도 있고 내가 제일 좋아하는 떡볶이도 있었다.

"빨리 줘! 떡볶이!"

나는 최대한 큰 소리로 달라고 했지만 성준이는 콧방귀를 뀌었다.

"흥, 너는 뚱뚱하니까 계란말이도 떡볶이도 먹어선 안 돼. 이 고물 풍선아."

나는 진짜 먹고 싶었다.

"빨리 줘. 나 계란말이랑 떡볶이 먹고 싶어. 엄마는 잘 안 해 주신단 말이야."

"네가 뚱뚱하니까 너희 엄마도 안 해 주시는 거야. 넌 먹지 말라고, 알았어? 그러니까 나도 못 줘!"

"성준아, 나 먹고 싶어. 나도 줘."

나는 사정을 했다. 하지만 성준이는 끝까지 반찬을 주지 않았다.

"야, 고물 풍선, 빨리 저리 비켜."

"뒤에 우리 기다리는 거 안 보이냐?"

"너 때문에 우리도 밥 못 먹잖아."

"야, 배고파. 빨리 비켜!"

"야, 고물 풍선, 빨리 가서 밥이나 먹어!"

친구들은 나에게 화를 냈다. 나는 떡볶이랑 계란말이가 진짜 먹고 싶었다. 눈물이 날 정도로 화가 났다. 하지만 친구들이 가라고 해서 꾹 참고 그냥 포기하기로 했다. 나는 성준이가 급식 당번인 주에 내내 김치로만 밥을 먹었다.

그리고 몇 주 뒤에 내가 급식 당번이 되었다. 나는 성준이에게 맛있는 닭튀김을 주지 않기로 마음먹었다. 성준이처럼 일주일 내내 맛있는 반찬을 주지 않으려는 게 아니었다. 딱 한 번만 그렇게 하기로 결심했던 것이다. 왜냐하면 맛있는 반찬을 먹지 못하는 건 괴롭고 슬

프기 때문이다. 나는 그걸 잘 안다. 하지만 성준이도 한 번쯤은 맛있는 반찬을 먹지 못해 봐야 한다. 그래야 다시는 나한테 반찬을 주지 않는 일이 없을 테니까. 나는 친구들에게 정성스럽게 닭튀김을 나눠 주었고 드디어 성준이 차례가 되었다. 나는 조금 떨렸지만 바위처럼 강하게 우뚝 서서 닭튀김을 주지 않겠다고 말했다.

"너한텐 안 줘!"

"뭐 이런 게 다 있어? 이 닭튀김이 네 거야? 빨리 줘!"

"싫어, 안 줄 거야!"

"웃기는 놈이네. 빨리 안 줘!"

"안 줘!"

성준이가 어이없다는 듯이 나를 노려봤다. 어서 닭튀김을 내놓으라며 손을 뻗어서 가져가려고 하기에 나는 닭튀김 통을 아예 내 뒤로 숨겨 버렸다. 성준이는 화가 나는지 얼굴이 빨개지며 나에게 욕을 했다. 나는 그래도 주지 않았다. 그리고 성준이 뒤에 줄을 서 있는 친구들을 보았다. 나는 친구들이 예전에 성준이가 나에게 반찬을 주지 않았을 때 빨리빨리 그냥 가라고 했듯이 성준이에게도 그럴 줄 알았다. 그런데 놀랍게도 친구들은 도리어 나에게 화를 냈다.

"야, 고물 풍선, 빨리빨리 나눠 줘!"

"야, 배고파! 빨리 해!"

"아, 뭐야?"

"쟤들 도대체 왜 저러는 거냐?"

"성준이 빨리 줘!"

"너 미쳤냐? 왜 반찬을 안 줘?"

나는 너무 놀랐다. 나에게 그랬듯이 성준이에게도 빨리 그냥 가서 밥이나 먹으라고 해야 하는데, 나는 친구들이 그렇게 말해서 반찬을 포기했었는데 성준이에게는 닭튀김을 주라니!

나는 정말이지 화가 났다. 그때 성준이가 내 얼굴에 펀치를 날렸고 나도 더 이상 참을 수가 없었다. 우리는 끌어안고 바닥을 뒹굴며 싸웠다.

나는 성준이가 미웠다. 친구들도 미웠다. 나도 미웠다. 나는 왜 친구들에게 미움을 받을까? 친구들은 왜 나와 성준이를 다르게 대할까? 내가 복잡한 마음으로 성준이의 주먹

을 피하고 있는데 갑자기 뒤통수에서 불이 확 났다.

　태민이였다. 태민이는 방금 전까지 내가 들고 있던 급식 집게로 내 머리통을 휘갈겼다. 나는 성준이를 잡고 있던 손을 놓고 바닥에 주저앉았다.

　눈물이 날 것 같았다. 또 내가 잘못한 걸까? 또 내가 문제일까? 성준이가 옳았던 걸까? 나는 뚱뚱하니까 반찬을 먹어서는 안 되는 아이일까? 성준이에게 닭튀김을 주었어야 했나? 친구들이 모두 그렇게 생각한다면 성준이에게 닭튀김을 주자.

　그렇게 생각하고 성준이를 돌아보는데 성준이가 벌써 식판 가득 닭튀김을 쌓아 놓고 맛있게 먹고 있는 것이 아닌가? 반 친구들을 돌아보니 모두들 닭튀김이랑 밥을 맛있게 먹고 있었다. 나는 보지도 않고 하하 호호 웃으며 맛있게 점심을 먹고 있었다.

　　　　　　　　　　　나는 또 슬퍼졌다. 하지만 그냥 점심을

먹기로 하고 닭튀김이 들어 있던 반찬통을 보았다. 그런데 아! 닭튀김이 한 개도 없었다! 정말 한 개도 없이 깨끗이 비워져 있었다. 친구들이 내 것은 남겨 놓지도 않고 모두 먹어 버린 것이다. 성준이가 아닌 내가 닭튀김을 먹지 못한 것이다.

　나는 정말 반찬을 먹으면 안 되는 아이일까? 참으려고 했지만 울음이 터졌다. 성준이가 그런 나를 향해 '깨소금이다!' 하고 소리쳤다. 나는 다시 수돗가로 가서 펑펑 울었다.

　하지만 친구들과 재미있었던 적이 한 번도 없었던 것은 아니다. 반별 발야구 대회가 생각난다. 나는 그때 선수로 뽑혔다. 선생님께서 하고 싶은 사람은 누구나 해야 한다며 나도 뽑아 주신 것이다.
　나는 태민이를 비롯한 운동 잘하는 친구들과 함께 반 대표로 발야구 대회에 나갔다. 그때 얼마나 자랑스럽고 뿌듯했는지……. 내 가슴이 자신감으로 빵빵해지는 느낌이었다. 엄마가 와서 내 모습을 보신다면 얼마나 좋아하실까? 우리가 입장할 때 다른 반 친구들도 환호를 해 주었다. 내 이름을 부르는 아이들도 있었다. 나는 정말 깜짝 놀랐다. 나에게 최선을 다하라고 소리쳐 주는 아이도 있었다.

"남석주, 잘 나왔다!"

"남석주, 최선을 다해라!"

"최고의 선수, 남석주!"

"국가 대표, 남석주!"

가슴이 뭉클해졌다. 그래서 나는 진짜로 최선을 다했다. 물론 내가 받을 공을 주완이가 달려와서 받으려다가 우리 둘이 부딪혀 공을 놓치기도 하고, 공 대신 운동화를 뻥 날리기도 했지만 정말 재밌고 즐거웠다. 내 신발은 홈런 지역을 넘어서까지 날아갔다. 아! 그것이 공이었다면 더 좋았을 텐데.

하지만 선생님 말씀처럼 운동은 즐겁게, 정정당당하게 하는 것이 중요하고 결과에 승복하는 게 중요하다. 나는 비록 우리 팀이 졌지만 친구들과의 경기가 무척 재미있었기 때문에 만족스러웠다. 하지만 경기에서 진 친구들은 펑펑 울었다. 나는 친구들을 위로해 주고 싶었지만 친구들이 모두 나를 노려봐서 다가갈 수가 없었다.

친구들과 함께 한 기억은 그것뿐이다. 그 후로는 별로 좋은 일이 없었다. 아니 나쁜 일만 계속 이어졌다.

태민이랑 성준이를 비롯한 친구들이 나를 '왕따'라고 부르며 놀렸다. 수업 시간에도 쪽지에 '왕따'라고 써서 내 책상에 자꾸 던졌다.

선생님은 무슨 일이냐고 물으셨지만 나는 친구들을 선생님께 고자질할 수는 없었다. 그건 좋은 행동이 아니라고 엄마가 말씀하셨기 때문이다.

점심 시간엔 지호와 규희가 자꾸 나한테 부딪혀서 반찬을 모두 쏟았다. 그런데 친구들이 반찬을 나눠 주지 않아 나는 맨밥만 먹어야 했다. 맨밥은 정말 맛이 없다. 또 친구들은 숙제도 빌려 주지 않고 준비물도 빌려 주지 않았다. 예전엔 조금씩이라도 빌려 주고 보여 주던 친구들이 있었는데…….

심지어 복도를 걸어갈 때 발을 걸거나, 머리통을 치고 도망가거나, 엉덩이에 똥침도 날리고 도망가는 친구들도 있었다. 뿐만 아니라 나쁜 일도 자주 생겼다.

실내화 한 짝이 없어지거나 아침에 교실에 와 보면 책상이 뒤로 돌려져 있거나 의자가 없어져 있는 등 한두 가지가 아니었다. 나한테는 왜 이렇게 자꾸 나쁜 일만 생기는지 모르겠다. 그리고 며칠 후에 바로 그 일이 터진 것이다.

105 사건의 전말

그날은 우리 모둠이 청소가 있는 날이었다.

나는 내가 맡은 책상 닦기를 잘하려고 마음먹고 청소 준비에 들어갔다. 그런데 갑자기 오줌이 마려웠다. 언제나 그렇듯이 매우 급했다. 나는 재빨리 화장실로 갔다.

그런데 이게 무슨 일일까? 화장실에 아이들이 가득했다. 모두들 변기를 차지하고 오줌을 누고 있었다. 뒤에 줄도 많았다. 큰일이다! 나는 너무 급해서 금방이라도 오줌이 나올 것 같았다. 하지만 기다리고 기다려도 내 차례는 오지 않았다. 나는 더 이상 참을 수가 없었다. 배에 엄청 힘을 줬지만 그만 오줌이 나오고 말았다.

2학년 때 이후로는 바지에 오줌을 싸지 않았는데……. 나는 너무나 창피하고 두렵고 나 자신에게 화가 났다. 참을 수가 없었다. 그래서 교실로 달려가 나도 모르게 내 물건들을 집어 던지고 책상을 뒤집어엎고 말았다.
"끄아아아아아아!"

초등 생활 보고서 - 인터뷰

나도 친구에게 왕따 당해 본 적이 있다?

왕따를 당하는 것은 창살 없는 감옥에 갇힌 것처럼 힘든 일이라고 해요.
누구든 당하면 두고두고 커다란 상처가 된대요.
왕따를 당했던 친구들의 이야기를 들어보고, 내 주변에서는
그런 일이 생기지 않도록 모두 도와주기로 해요.

1 나를 교실에 가두고 괴롭혔어요

금촌초등학교 한별(6학년)

학교 마치고 집에 가려는데, 반 친구들이 나를 교실에 가둬 두고
문도 열어 주지 않고, 괴롭히더라고요.
그 순간, 전 너무 무서워서 엄마가 보고 싶었어요.
친구들이 그날 왜 그랬는지 지금도 이유를 모르겠어요.

2 친구들이 이유 없이 나를 싫어해요

금촌초등학교 연수(5학년)

매일 밥도 같이 먹고 같이 어울리던 친구들이 어느 날 갑자기 쉬는 시간에도
자기들끼리만 놀고, 밥 먹을 때도 나랑 어울리지 않는 거예요.
게다가 내 앞에서 욕을 하더라고요. 왜 그런지도 몰라서 이유를 물어보고 싶었지만
내가 근처에 가기만 하면 피하고 욕을 하니 지금도 왜 그런 건지 이유를 모르겠어요.

지금은 사이좋게 지내지만……

은로초등학교 수연(3학년)

놀이터에서 놀다가 친구와 그네를 서로 먼저 타겠다고 다퉜어요.
그런데 그 친구가 갑자기 나를 밀쳐 내는 거예요.
결국 저는 넘어져서 팔꿈치가 까졌어요.
제가 너무 아파서 우니까 그 친구가 이번에는 저를 '울보'라고 놀리는 거예요.
나는 너무 화가 나서 그 친구랑 싸웠어요.
그 후로 그 친구는 제가 '왕따'라면서 소문을 내고 다니는 거예요.
그래서 저는 선생님께 그 사실을 말씀드렸어요.
그랬더니 더 이상 소문을 내거나, 나를 흉보고 다니지 않더라고요.
지금도 그 친구를 보면 밉긴 하지만 선생님이 사이좋게 지내라고 해서
지금은 사이좋게 지내요.

 ## 그건 어쩔 수 없는 실수였어요

은로초등학교 영철(5학년)

운동장에서 음료수 캔으로 축구 놀이를 하고 있었는데, 음료수 캔이 날아가서
친구의 머리를 때렸어요. 그런데 맞은 친구가 힘이 좀 센 친구였어요.
맞은 친구 쪽 아이들이 우르르 몰려와서 나를 놀리고 욕을 했어요.
그 후로 힘이 센 친구가 반 아이들까지 나와 놀지 못하게 만들었어요.
그래서 친했던 친구들조차 나를 멀리했어요. 왜 나하고 안 노느냐고
따지고 싶지만, 혹시 그 친구들한테 피해를 줄까 봐 아무 말도 못하고
여태껏 그냥 지내고 있어요. 너무 마음이 아파요.

사소한 말다툼 때문이었어요

은로초등학교 예은(3학년)

어느 날, 친구네 집에 놀러 갔는데 놀다가 말다툼을 하게 되었어요.
제가 너무 화가 나서 그 친구 집의 문을 발로 뻥 찼어요.
그랬더니 그 친구는 나를 경찰에 신고한다고 겁을 주는 거예요.
그리고 그 친구가 내가 한 행동을 다른 친구들한테
이야기해서 일주일 동안 왕따를 당한 적이 있어요.
하지만 우리는 원래 친했던 사이라서 금방 풀고
지금은 화해를 하고 다시 잘 지내요.

 ## 다른 편 친구와 잠깐 말했을 뿐이에요

은로초등학교 광수(6학년)

반에서 편을 갈라서 싸운 적이 있었어요.
학교 수업이 끝나고 운동장에서 노는데, 우리 편에서
제일 힘이 센 여자친구가 다른 편 친구와 놀지 말라고 그러더라고요.
저는 그냥 다른 편 친구와 잠깐 말을 했을 뿐이거든요.
그런데 그걸 힘이 센 여자친구가 본 거예요.
그때부터 저는 왕따가 되고, 이쪽 편에서도 저쪽 편에서도
안 받아 줘서 혼자 지내게 됐어요.

생각할수록 황당하고 억울해요

묘곡초등학교 하나(5학년)

우리 반에 예뻐서 인기가 많은 여자아이가 있었어요.
저랑 친한 친구는 그 아이랑 친구가 되고 싶어 했죠.
그런데 예쁜 여자아이가 저랑 안 놀면 친구해 주겠다고 그랬다는 거예요.
그때부터 저랑 친했던 친구는 저랑 말도 한마디 안 하더라고요.
지금도 그 생각만 하면 무척 황당해서 따지고 싶어요.

같은 아파트에 살아야 친구인가요?

묘곡초등학교 찬욱(6학년)

저는 같은 아파트에 살지 않는다고
친구들에게 따돌림을 당했어요.
학교 갈 때나 집에 갈 때, 같은 아파트에 사는
친구들끼리 가는 거 이해해요.
하지만 학교 안에서조차 같은 아파트 친구들끼리만
친구를 해야 한다는 건 정말 이상한 거 같아요.

용기 있는 한 사람의 행동이 세상을 변화시킨다고 말씀하신 준이 엄마,
준이는 엄마의 말씀 대로 용기 있는 한 사람이 될 수 있을까?

나는 남석주가 싫지 않다

　우리 반 친구들 중에는 남석주를 싫어하고 따돌리는 아이들도 있지만 나는 남석주가 싫지 않다. 석주는 덩치가 크고 말을 잘하지는 못하지만 마음씨는 아주 착한 애다.
　다른 애들은 자기가 맡은 화분이나 화단의 꽃을 말라 죽게 하거나 전혀 관심도 보이지 않지만 석주는 자기 화분에 물을 얼마나 정성껏 주는지 모른다. 이파리도 닦아 주고 가끔 말도 걸어 주는 것도 본 적이 있다.
　"얘들아, 물 잘 먹고 잘 커라. 나처럼 잘 먹어야 잘 크는 거야. 헤헤……."
　식물을 잘 가꾸고 사랑할 줄 아는 사람은 근본이 선한 사람이라고 엄마가 늘 말씀하셨다. 석주는 선한 아이다.

또 청소도 얼마나 깨끗이 하는지 모른다. 다른 애들이 대충대충 청소하고 도망가 버려도 석주는 혼자 남아서 자신이 맡은 곳을 끝까지 정성껏 청소한다. 책상을 닦는 날은 물걸레로 한 번, 마른걸레로 한 번 꼼꼼히 정성껏 닦은 후에 낙서까지 모두 지우려고 애쓴다. 보다 못한 내가,

"남석주, 이제 그만 하고 가."

하고 말하면 남석주는 아쉽다는 듯이 돌아보고 돌아보면서 느릿느릿 집으로 간다. 남석주는 청소를 잘하고 책임감도 강한 아이다. 석주는 다른 애들처럼 교실에 쓰레기를 버리지 않는다. 쓰레기는 꼭 쓰레기통에 버리고 주번도 아니면서 쓰레기통을 갖다 비우는 일을 도맡아서 한다. 한 번은 내가 물어보았다.

"남석주, 네가 주번도 아닌데 왜 항상 쓰레기통을 비우니?"

석주는 눈을 끔벅거리며 더듬더듬 말했다.

"우리 엄마가…… 쓰레기통은 항상…… 깨끗해야 한다고 하셨어. 나도 깨끗한 게 좋아."

석주는 멋을 부리고 외

모는 깨끗한 척하면서 바닥에 쓰레기를 버리는 다른 애들하고는 근본적으로 다르다.

 석주는 다른 애들처럼 주번을 안 하려고 도망을 가거나 단체로 해야 할 일에서 혼자만 빠지지 않는다. 늘 웃으면서 즐겁게 하려고 한다. 남석주가 조금만 더 옷을 깔끔하게 입고 눈치가 빠르면 친구들하고 좀 더 잘 어울릴 수 있을 텐데 왜 저러고 다닐까, 안타까웠다. 그러나 나는 주말에 엄마와 '생활 보호 대상자 실태 조사'를 나갔다가 비로소 석주를 이해하게 되었다.

내가 모르던 석주를 만나다

　구청에서 일하시는 엄마는 주말마다 '생활 보호 대상자 실태 조사'를 나가시는데 항상 나를 데려가신다. 엄마는 나와 다른 사람들이 사는 모습을 보면서 사람들을 더 많이 이해하고 내가 해야 할 일, 할 수 있는 일이 무엇인지 생각해 보라고 늘 말씀하신다.
　나도 할머니, 할아버지, 또는 어린아이들을 만나러 가는 것이 나쁘지 않다. 나와 다른 생활을 하는 사람들을 보면서 도와주고 싶다는 생각도 하게 되고 또 사람마다 서로 사는 모습이 참 다르다는 것도 깨닫게 된다.
　엄마가 한 가구 한 가구 '생활 보호 대상자 생활 실태 조사'를 꼼꼼히 해서 구청에 제출하면 구청에서 엄마의 조사서를 보고 생활이 어려운 사람들에게 쌀이나 보조금을 지급한다.

나도 커서 부모님이 안 계신 아이들이나 자식이 없는 할머니, 할아버지들을 돕는 일을 하고 싶다. 그래서 나는 이 일을 하는 엄마가 자랑스럽다.

이번 주말엔 '산뫼마을'로 조사를 나갔다. '산뫼마을'은 우리 구에서도 산에 가장 가까이 있는 동네다. 산을 깎아서 집을 세운 듯 가파른 산자락에 집들이 띄엄띄엄 자리해 있다.
아랫동네에 큰 공원이 있고 빌라들이 빽빽이 많은 것에 비하면 '산뫼마을'은 한산하고 여유로워 보인다.
닦여진 길이 아니라서 조금 미끄럽기도 하고 조심스럽지만 산 가

까이에 있어서인지 바람도 시원하고 나무 냄새, 흙 냄새가 많이 나서 참 좋다.

 하지만 '산뫼마을'에 사는 사람들의 생활은 그리 여유롭지 못하다. 대부분이 생활 보호 대상자들인데 할머니나 할아버지 혼자 사시거나 손자 손녀들을 키우며 사신다. 또는 아빠가 안 계시거나 엄마가 안 계신 가정, 더 나쁜 경우엔 아이들끼리만 사는 가정도 있다. 이런

가정은 먹는 것, 입는 것, 씻고 빨래하는 것조차도 힘든 상황인 경우가 많다. 내가 상상할 수 없을 만큼 어려운 집들이 많다는 사실에 처음엔 큰 충격을 받았다.

과일이나 간식은 말할 것도 없고 쌀이 없어서 밥을 먹지 못하는 경우도 많았다. 세탁기가 없어 손으로 빨래를 하는 할머니, 좌변기가 없어 쪼그리고 앉아 볼일을 봐야 하는 아이들, 전기가 끊어져 밤엔 일찍 잠을 자야 하는 할아버지. 이건 옛날 이야기나 북한이나 아프리카와 같은 다른 나라 이야기가 아니었다. 우리가 살고 있는 이 땅에서 우리와 함께 살고 있는 사람들의 이야기였다. 내가 깜짝 놀라며 안타까워하자 엄마가 말씀하셨다.

"불쌍하다고 이 사람들을 무조건 동정해서는 안 돼. 가난하다고 해서 불행한 건 아니야. 많이 가지고 적게 가지고가 행복의 조건, 삶의 조건은 아니거든."

엄마는 사람마다 사는 모습이 다르고 환경이 다르고 추구하는 바가 다르다고 하셨다. 일부러 커다란 집과 차를 버리고 자연과 함께 사는 사람들도 있고 부자가 되는 것이 꿈인 사람도 있다고 하셨다.

가난하지만 가족끼리 사랑하고 아끼면서 부자보다 행복하게 사는 사람들도 많다고 하셨다. 세상 사람들이 다 나와 같지 않고 나와 같은 환경에 놓여 있는 게 아니라 각기 다 다른 삶을 살고 있다는 것을 이해해야 한다고 하셨다. 그리고 자신의 기준으로 사람의 마음을 평가해선 안 된다고 하셨다.

"하지만 쌀이 없어서 배를 곯고 전기가 끊어져서 불을 못 켜고 부모님이 없어서 보살핌을 받지 못하고, 자식이 없어서 돌봄을 못 받는 건 힘든 일이지. 그런 경우엔 좀 더 좋은 조건에 있는 사람들이 서로 나누고 도와야 하는 거야."

엄마는 처음부터 좋은 환경과 조건에 태어난 사람들은 단지 운이 좋았을 뿐이라고 말씀하셨다. 하지만 그건 단지 운이었기 때문에 열심히 노력하지 않으면 언제 없어질지 모르고 또 서로 나누지 않으면 행복을 가져다 주지 않는다고 말씀하셨다. 나는 엄마 말씀 한마디 한마디를 마음에 새겼다. 서로 다름과 이해, 그리고 나눔에 대해서.

그 집이 석주네 집인 걸 알아차리는 데는 시간이 얼마 걸리지 않았다. 대문을 들어서자 마루에 환하게 웃는 석주의 커다란 사진이 걸려 있었기 때문이다.

"우리 아들은 이제 5학년 됐고요, 너무 착해요. 제가 만날 바빠서 못 챙겨 줘 미안하지요."

석주의 어머니는 석주와 매우 똑같이 생긴 선하고 부드러운 얼굴로 연신 방글방글 웃고 계셨다.

"석주가 갓난아기일 때 저희가 가난해서 잘 못 먹였어요. 젖도 잘 안 나오고. 그래서 그런지 애가 덩치는 큰데 마냥 어린애 같아요. 행동도 느리고 말도 잘 못 하고 오줌도 잘 못 참아요."

"석주 아빠는요?"

"애 아빠는 애가 여섯 살 때 하늘로 떠났어요. 교통사고였는데 뭐 이런저런 이유로 보상도 제대로 못 받았지요. 저 혼자서 애를 키우려다 보니 잘 먹이지도 못하고 입히지도 못하고 그래요. 제가 기사 식당에서 일을 하기 때문에 새벽에 나가서 밤늦게 들어오거든요. 그래도 우리 석주가 얼마나 착하고 예쁘게 잘 자라 줬는지 늘 고마워요."

나는 마당에서 석주 어머니의 이야기를 들으며 눈물을 흘렸다. 석주에게 미안한 마음이 들었기 때문이다. 석주가 왜 좀 더 깨끗하게 하고 다니지 못하는지 석주가 왜 그렇게 느린지 이해할 수 있었다.

왜 그동안 석주에 대해 잘 알지도 못하면서 함부로 생각했는지 나 자신에게 화가 났다. 세상 사람들이 다 나와 같지 않고 나와 같은 환경에 놓여 있는 게 아니라 각기 다 다른 삶을 살고 있다는 것을 이해할 필요가 있다고 하신 엄마의 말씀이 가슴속 깊이 커다란 울림으로 다가왔다. 석주네 집을 나오면서 엄마가 말씀하셨다.

"가난한 사람들은 가난하게 살고 싶어서 그렇게 사는 게 아니야. 처음부터 좋은 환경에 놓이지 못한 사람들이 많아. 우리처럼 처음부터 좋은 조건과 환경에 놓인 사람들도 있고. 그럼 가진 사람들이 그렇지 못한 사람들을 도와야지. 서로 돕고 살면 누군 잘살고 누군 못사는 일이 없을 텐데 가진 사람들이 자기만 가지려고 하니까 못사는 사람들에게는 기회조차 주어지지 않는 거야. 얼마나 좋아 보이니? 엄마가 아들을 사랑하는 모습이 말이야. 저 아들은 엄마에겐 세상에서 하나밖에 없는 자랑스러운 아들이야."

그렇다.

석주는 석주 엄마에게 있어 하나밖에 없는 귀한 아들이었다. 석주는 석주 엄마의 꿈이고 희망이고 기쁨이었다.

우리 반 왕따인 남석주가 말이다!

석주는 왕따다

우리 반 아이들은 대부분 남석주를 조금 모자란 아이 취급하고 따돌리고 괴롭힌다. 왕따니, 바람 빠진 고물 풍선이니 하며 놀려 댄다. 하지만 모두 다 그런 건 아니다. 박태민과 박태민 주변 아이들이 특히 심하다.

처음엔 박태민만 유난히 남석주를 괴롭혔다. 자기가 뭐 정의의 사도라도 되는 듯 석주가 장난을 치면 나서서 못하게 하고 때려 주고 창피를 줬다. 내 눈엔 박태민의 그런 행동이 정말이지 유치찬란하게 보였다.

내가 가만히 지켜보면 석주는 친구들과 놀고 싶어서 장난을 치는 건데 박태민은 석주가 무슨 큰 잘못이라도 한 듯 친구들 앞에서 응징을 하고 놀리고 창피를 주었다. 그리고 자기가 악을 처단한 선의의 용사인 듯 자랑스런 웃음을 날리는 것이다.

 난 태민이의 그 비웃는 듯한 웃음이 정말 싫다. 하지만 다른 애들은 그렇지 않은지 시간이 갈수록 태민의 행동에 동조를 하는 친구들이 점점 늘어났다. 심지어 '남석주 왕따시키기 대책 위원회' 줄여서 '남대위'라나, 정말 유치한 모임을 만들어서는 대놓고 석주를 괴롭혔다.

 그 모임은 전교 발야구 대회 후에 공식적으로 생겨난 것인데 남자애들은 석주 때문에 발야구에서 졌다고 매우 분노하며 모임을 만들었다. 발야구 하나 졌다고 사람을 왕따시키다니, 정말 유치하고 이해가 되지 않았다. '남대위'는 반 아이들 모두가 석주를 왕따시킬 것을 명령하고 다녔다.

"남석주에게 숙제를 보여 주지 말 것!"

"남석주에게 준비물 빌려 주지 말 것!"

"남석주에게 반찬 나눠 주지 말 것!"

"남석주와 말하지 말 것!"

"남석주를 도와주지 말 것!"

"그렇지 않으면 너희도 남석주와 똑같이 왕따가 될 것이다!"

 주연이, 민주, 용민이 등 내 주변 친구들은 박태민과 '남대위'가 나쁘고 유치하다고 생각했다. 또 석주가 불쌍하고 안됐다고 생각했다.

하지만 우리 중 누구도 석주처럼 왕따가 되고 싶지 않았다. 석주처럼 박태민과 '남대위'의 적이 되고 싶지 않았던 것이다. 솔직히 우리도 '남대위'에게 괴롭힘을 당할까 봐 두려웠다.

그래서 우리는 서로 눈치만 볼 뿐, 석주가 '남대위'에게 괴롭힘을 당할 때 석주 편에 서지 못했다. 석주를 도와주지 못했다. 석주가 숙제를 보여 달라고 할 때도 정말 보여 주고 싶었다. 준비물도 기꺼이 빌려 주고 싶었다. 반찬도 나눠 주고 함께 먹으며 이야기하고 싶었다. 석주가 물건을 잃어버리고 헤맬 때도 함께 찾아 주고 싶었다. '남대위'가 석주를 괴롭힐 때 그만하라고 소리치고 싶었다. 하지만 나를 비롯한 우리는 누구도 그렇게 하지 못했다.

그건 너무나도 큰 용기가 필요한 일이었다. 나도 친구들도 용기가 없었다. 대신 우린 석주와 눈을 마주치지 않았다.

석주가 괴롭힘을 당할 때 못 본 체 고개를

숙였다. 아무것도 들리지 않는 척 책 속에 얼굴을 파묻었다.

'남석주에게 숙제를 보여 주지 말 것!'

'남석주에게 준비물 빌려 주지 말 것!'

'남석주에게 반찬 나눠 주지 말 것!'

'남석주와 말하지 말 것!'

'남석주를 도와주지 말 것!'

나는 어느새 '남대위'가 말한 대로 모두 따라 하고 있었다. 나는 내

가 이렇게 용기 없고 비겁한 아이였다는 사실을 처음으로 가슴 저리게 느꼈다. 너무 마음이 아프고 괴로웠다. 그러다 얼마 후, 105 사건이 발생했다.

나는 처음부터 그 사건을 유심히 지켜보고 있었다. 점심시간이 끝날 무렵 태민이가 '남대위'를 소집했다. 그들이 또 뭔가 석주를 괴롭힐 계획을 꾸미고 있는 것이 틀림없었다. 이번엔 또 무엇으로 석주를 괴롭힐지 불안한 마음으로 그들을 지켜보았다.

그런데 그 시간엔 아무 일도 벌어지지 않고 수업이 끝났다. 그리고 석주네 모둠이 청소를 할 시간이 되었다. 그런데 집에 가야 할 아이들이 집엔 가지 않고 복도에 삼삼오오 모여 뭔가를 기다리는 듯, 살피며 서 있었다. 모두 '남대위' 아이들이었다.

기분 나쁜 움직임이었다. 나는 점점 더 불안해지고 심장이 두근거렸다. 내 눈은 재빨리 석주를 찾았다. 그때 석주가 갑자기 오줌이 마렵다면서 화장실로 달려가기 시작했다. 그러자 태민이가 '행동 개시!' 하고 외쳤고 복도에 모여 있던 남자아이들이 모두 우르르 화장실로 달려가는 것이었다. 석주보다 먼저 화장실로 달려간 남자아이들이 화장실 문을 닫았다. 나는 얼른 복도로 나와 석주를 살펴보았다. 석주가 화장실 문을 겨우 열고 안으로 들어가는 것이 보였다. 그리고 석주의 목소리가 들렸다.
"어떡해, 어떡해!"
"빨리, 빨리 해라. 나 급하다!"
그리고 잠시 후,
"끄아아아아아아!"
석주가 큰 소리를 지르며 화장실에서 달려 나왔다. 화장실에 같이 들어가 있던 남자아이들이 모두 놀란 표정과 얼빠진 표정으로 하나 둘 복도로 나와 교실 안을 조심스럽게 들여다 보았다. 석주가 자기 자리로 가더니 울부짖으며 책을 집어 던지기 시작했다. 고함을 지르며 책상도 뒤집어엎었다. 아무도 석주를 달랠 수 없었다. 가만히 보니 석주의 바지가 젖어 있었다.

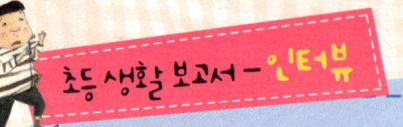

나도 왕따당하는 친구를 지켜본 적이 있다?

어쩔 수 없이 왕따당하는 친구를 지켜보기만 한 적이 있나요?
왕따를 당해 풀죽은 친구를 바라보는 것도 마음이 편치 않았을 거예요.
차별은 가해자, 피해자, 방관자 모두의 마음을 힘들고 어둡게 해요.
각자의 입장에서 어떤 행동을 하는 것이 진정 옳고 용기 있는
일인지 생각해 보기로 해요.

 우리 누나도 왕따를 당했어요

은로초등학교 동현(2학년)

친누나가 6학년 때 따돌림당하는 것을 봤어요.
누나가 무슨 말을 하려고 하면, 친구들이 말을 가로채고 겁을 주더라고요.
누나는 학교 수업이 끝나면, 매일 울면서 집으로
뛰어갔는데 그 모습이 너무 마음이 아팠어요.
동생이라 아무런 도움도 못 줬어요.

 그 아이가 잘못한 거니까 당연해요

문산동초등학교 유진(6학년)

우리 반에 어떤 친구가 반 아이들한테 돈을 빌리고 갚지 않는 거예요.
한 번 두 번 계속 반복되다 보니 친구들이 이제는
그 아이 말을 믿지 않고 따돌리기 시작했어요.
하지만 처음부터 그 아이가 잘못한 거니까 따돌림을
당해도 별로 불쌍하지 않더라고요.

가까이 하기엔 망설여져요

은로초등학교 정음(5학년)

왕따당하는 친구가 있었는데, 학교 수업을 마치고 그 친구가
집에 안 가고 교실에서 뭔가를 계속 찾고 있는 거예요.
처음에는 그냥 갈까 하다가 너무 오래 찾고 있기에 뭘 찾느냐고 물으니
수저통을 잃어버렸다고 하더라고요.
저는 그 친구가 너무 불쌍해서 수저통을 같이 찾아 주었어요.
그랬더니 그 친구가 무척 고마워하며 말을 걸더라고요.
하지만 저는 그냥 집으로 갔어요.
왜냐하면 그 친구와 친해지고 싶진 않았거든요.

 ## 그 친구를 달래 주고 싶었어요

은로초등학교 선희(4학년)

학교에 다문화가정 친구가 있었어요.
생김새가 우리와 달라서 많이 놀림을 받았지요.
하지만 그 친구는 놀림을 받아도 울지도 않고 반항도 안 하더라고요.
그리고 늘 쓸쓸히 혼자서 집에 갔어요.
우리와 생김새가 다를 뿐이지, 성격이 이상한 것도 아니었거든요.
그래서 그 친구를 달래 주고 함께 하고 싶었지만
저도 같이 따돌림당할까 봐 나서지 못했어요.

그 친구는 도움을 원하지 않았어요

묘곡초등학교 명희(4학년)

2학년 때, 공부를 잘하는 줄 알았는데 알고 보니
한글도 잘 모르는 친구가 있었어요.
게다가 남의 물건을 훔치고 도둑질까지 해서 선생님께도 혼이 나고,
그게 소문이 나서 형들이나 친구들에게 왕따를 당했어요.
너무 불쌍해서 말을 걸거나 도와주려고 하면 오히려
그 아이는 무척 싫어하며 욕을 하고 우리에게 저리 가라고 했어요.
왜 그랬는지 모르겠어요.

 그 친구들이 불쌍했어요

묘곡초등학교 세라(5학년)

우리 반에 키가 많이 작은 친구가 있었어요.
그런데 키가 작으니까 높은 곳을 청소할 때는 매번
다른 친구들이 대신 해야 하는 거예요.
그리고 그 친구는 사물함 문도 잘 못 열더라고요.
그래서 친구들이 따돌리고 놀렸어요.
그리고 집이 무척 가난한 아이도 있었는데, 준비물도
못 가져오고 말소리도 너무 작고 자신감이 전혀 없었어요.
그러니까 친구들이 그 아이를 무시하더라고요.
둘 다 너무 불쌍했어요.

오빠가 지금도 왕따를 당하는지 걱정돼요

문산초등학교 성균(5학년)

친오빠가 왕따당하는 것을 봤어요.
급식소에 갔는데 오빠 주변엔 아무도 없고 혼자서 밥을 먹더라고요.
또, 오빠가 운동장에서 친구들한테 맞는 모습을 자주 봤어요.
마음이 무척 아팠지만 나이가 어리니까 나설 수가 없어서 그냥 가만히 있었어요.
집에 가서 오빠한테 왕따당하는 거냐고 물어봐도
오빠는 아무 말도 안 하더라고요.
지금은 오빠가 중학교에 다니는데 중학교에서도
왕따를 당하는지는 잘 모르겠어요.

 아무 문제없는 내 동생도 왕따를 당했어요

묘곡초등학교 주하(6학년)

제 동생이 왕따당했다는 걸 나중에 알았어요.
같은 초등학교에 다니고 있었는데, 엄마가 일부러 저한테는
말씀을 안 하셨더라고요.
동생이 왕따당한 이유는 잘 모르겠어요.
키가 좀 작긴 한데, 그것만으로 왕따를 시키나요?
왕따는 문제가 있는 애들만 당한다고 생각했는데,
제 동생이 당한 걸 보니까 꼭 그렇지만도 않은 것 같아요.
동생은 지금도 학교에 잘 안 가고 싶어 해요.
이러다가 나중에 어떻게 될지 걱정돼요.

이야기 다섯

'안티 남대위' 결성

'더 이상 용기 없는 자로 살아갈 수는 없다. 내가 용기를
내지 않으면 세상은 정말 손톱 만큼도 바뀌지 않을 테니까!'
준이의 용기가 5학년 3반을 **변화**시킬 수 있을까요?

가만히 있지 않겠어!

105 사건으로 나는 느낀 바가 많다. 한 사람의 인격이 다수에 의해 얼마나 무시당할 수 있는지, 곤란한 일을 겪지 않으려는 집단 이기주의가 한 사람을 어떻게 망가뜨릴 수 있는지 가슴 깊이 뼈저리게 느꼈다. 엄마는 늘 말씀하셨다.

"세상은 한 사람의 용기 있는 행동으로도 변화될 수 있어."

나는 바로 그 한 사람이 되기로 했다.

"한 사람이 두 사람이 되고 두 사람이 세 사람이 되고 나중엔 커다란 집단이 될 수 있지. 그 집단이 세상을 변화시킬 수 있는 거야. 그러니 처음 한 사람이 중요하지."

나는 바로 그 중요한 한 사람이 될 것을 다짐했다. 박태민 한 사람이 '남대위'를 결성해 석주를 무너뜨렸듯이 나도 '안티 남대위'를 결성해 석주를 구하리라! 이제 나도 가만히 있지 않겠어!

나는 먼저 주연이, 민주, 용민이 등 나와 같은 마음을 가진 베스트 프렌드들을 모았다.

"우리 엄마 말씀이 석주가 행동이 느리고 오줌을 못 참는 건 내가

성격이 급하고 변비가 있는 거랑 같은 거래."

"하하하! 이준이, 너 변비 있었냐?"

"내 변빈 어릴 적부터 고질병이었어. 변비를 없애려고 엄마랑 노력을 많이 했지만 잘 되지 않더라고. 그런데 석주도 그랬던 것 같애. 그러니까 사람은 누구나 다 문제를 하나씩 가지고 있는데 그걸 가지고 사람을 평가하고 차별하면 안 된다는 거지."

"맞아. 나도 3학년 때 아토피 피부라고 반 애들이 괴롭힌 적 있어. 하지만 내 피부가 아토핀 건 내 잘못이 아니야."

"그래. 석주도 마찬가지야. 나도 이번 105 사건 때문에 정말 충격 받았어. '남대위' 애들 어쩜 그럴 수가 있니?"

"맞아. 석주가 얼마나 창피했겠냐?"

"날마다 애들한테 괴롭힘 당하고 차별 대우 당하는 남석주가 사실 너무 불쌍했어."

"그래서 말인데……."

나는 몇 날 며칠 고민한 계획을 아이들에게 들려주었다. 주연이와 민주, 용민이는 '남대위'가 좀 두렵긴 하지만 함께한다면 용기를 내 보겠다고 다짐했다. '남대위'와 '안티 남대위'의 1라운드가 시작되는 순간이었다.

제 1라운드, 선생님은 우리 편

  석주, 태민이와 면담을 나누신 선생님께서 나를 부르셨다. 선생님께서는 이번 사건이 단순히 아이들 간의 다툼과 장난의 문제가 아니라 심각한 인권과 차별에 대한 문제라고 말씀하셨다.

  선생님은 우리 반에 팽배해 있는 남석주 차별에 대한 문제를 어떻게 해결할 수 있을지 반장인 나에게 의견을 내 보라고 하셨다. 나는 지난 주말 주연이와 민주, 용민이와 세운 계획에 대해서 조심스럽게 말씀을 드렸다.

  그것은 역차별에 대한 내용이었다. 나와 몇몇 친구들이 석주를 차별하는 태민이를 비롯한 '남대위' 아이들을 역차별하는 것이다. 차별을 겪어 보면 아이들도 석주의 입장을 이해할 수 있지 않을까? 조금 모자란 듯하고 조금 느리다고 해서 차별을 당하고 왕따를 당하는

석주나, 친구를 괴롭힌다는 이유로 박태민과 '남대위'가 차별을 당하고 왕따를 당하는 건 정당한 이유가 될 수 있지 않을까?

선생님께서는 곰곰이 생각하시더니 이번 기회에 우리 반에서 차별과 왕따를 뿌리 뽑을 수 있는 좋은 기회를 만들어 보자며 내 생각을 지지해 주셨다. 선생님이 우리 편에 서 주시다니! 이미 우린 이긴 거나 다름없었다!

이튿날 아침 조회 시간에 선생님께서는 우선 '남대위'를 같은 한 분단에 앉히셨다.

"같은 목적을 가지고 모임을 만들어 함께 행동하는 건 멋진 일이지만 한 사람을 괴롭히기 위해서 모임이 만들어졌다는 건 정말 충격적인 일이에요. 앞으로 그 모임을 함께 한 친구들은 따로 앉아서 수업을 듣도록 하세요."

'남대위' 아이들은 매우 당황하며 어쩔 줄 몰라 했다. 부끄러워하는 아이들도 있었다. 그렇게 '남대위' 아이들을 따로 앉힌 선생님께서는 수업 시간에도 아주 파격적인 모습을 보여 주셨다.

수업 시간 내내 '남대위' 아이들은 잘 보지도 않고 우리들 쪽만 보고 수업을 하시는 것이었다. 쉽고 재미있는 질문을 던지고 '남대위' 쪽 아이들이 손을 번쩍번쩍 들어도 대답할 수 있는 기회를 주지 않으셨다.

우리들은 수업 시간 내내 재미있고 신이 나서 아주 활발하게 수업을 했다. 석주도 손을 들고 두 문제나 맞혔다. 우리들은 마음껏 박수를 쳐 주었다.

점심시간에도 우리들이 먼저 급식을 받고 나서 '남대위' 아이들이 급식을 받도록 하셨다. 박태민을 비롯한 '남대위' 아이들은 처음엔 부끄러워하고 난처해 하다가 수업 시간에 차별을 당하자 서서히 분노하기 시작했다.

선생님의 질문에 제일 먼저 손을 들고도 지목받지 못한 태민이는 책상을 치며 분해했고 점심시간에 뒤로 밀려난 규희는 눈에 눈물이 그렁거렸다. 맨 뒷줄에 서 있던 성준이는 급식 반찬이 얼마 남지 않았다고 화를 냈다.

선생님께서는 체육 시간에도 '남대위' 아이들은 따로 공을 가지고 놀게 하셨다. 그리고 석주와 우리는 선생님과 함께 발야구 연습을 했다. 우리들은 선생님과 함께 신나게 뛰어다녔지만 '남대위' 아이들은 여기저기 모여 앉아 우리를 바라보기만 할 뿐 아무것도 하지 않았다. 태민이와 몇몇은 선생님과 우리를 흉보는 것 같았다.

제 2라운드, 반장의 역할

"오늘은 대청소예요. 각자 맡은 구역을 깨끗이 청소하고 반장 준이에게 확인을 받은 후에 집으로 돌아가도록 하세요. 준이는 청소가 잘되지 않은 구역은 늦더라도 깨끗이 하고 갈 수 있게 하세요."

"네."

선생님께서 교실을 나가자 '남대위' 쪽에서 아우성과 한숨 소리가 터져 나왔다.

"아유, 뭐야? 우리는 왜 청소하기 어려운 창문이냐고!"

"이 많은 교실 창문과 복도 창문을 언제 다 닦아?"

"선생님께서 우릴 차별하고 계시잖아. 쟤들하고."

"정말 기분 나빠. 우리가 뭘 어쨌다고 이러시는 거야?"

"선생님이 학생을 차별하는 건 안 되는 거 아니야?"

"나 우리 엄마한테 다 얘기할 거야."

규희가 울먹이며 말했다. 규희는 금방이라도 집에 달려갈 태세였다.

"그럼 우리가 왜 이렇게 됐는지도 다 얘기해야 되잖아."

성준이가 고개를 숙이며 말했다.

"뭐?"

규희가 주춤했다.

"빨리 청소나 하자."

태민이가 창문 닦는 걸레를 들고 나가면서 말했다.

30분쯤 지나자 아이들이 한두 명씩 다가와 청소가 끝났음을 알렸다. 나는 빨리 확인을 하고 아이들을 집으로 돌려보냈다.

태민이와 '남대위'도 유리창을 다 닦았다고 해서 가 보니 역시 대충대충 닦은 티가 역력했다. 나는 다시 닦으라고 말했다. 태민이는 씩씩거리며 돌아가 창문을 소리 나게 닦아 댔다.

석주가 책상을 다 닦았다고 했다. 석주가 닦은 책상은 역시 깨끗했다. 석주를 집으로 보내고 나니 '남대위' 몇 명만 남게 되었다. 나는 그들이 정말 창문을 깨끗하게 닦을 때까지 집으로 돌려보내지 않았다. 태민이는 나와 싸울듯이 달려들었고 규희는 나를 노려보았지만 나는 당당하게 맞섰다. 그들이 옳지 않았기 때문이다. 그때 마침 선생님께서 들어오셨다.

"지금 준이는 선생님 대신이야. 준이한테 이렇게 하는 건 선생님한테 한 거나 다름없어. 너희들은 청소를 깨끗이 하지 않고 집에 가려고 했어. 그건 옳지 않지. 너희들이 일주일 동안 교실 청소를 하도록 해."

"네에? 아우, 선생님!"

박태민과 '남대위'는 분을 참지 못하고 한숨을 푹푹 내쉬었다.

제 3라운드, 정면 대결

이튿날, 박태민과 '남대위' 중 몇몇이 나에게 본격적으로 시비를 걸기 시작했다.

"야, 네가 반장이면 다냐?"

"너도 남석주처럼 혼나고 싶냐?"

"남석주 같은 띨띨이 왕따랑 친하게 지내는 걸 보니까 너도 왕따가 되고 싶은가 보구나?"

나도 참지 않고 되받아쳤다.

"너희들 아직도 정신 못 차렸니? 지금 왕따는 남석주가 아니라 너희들이야. 너희 '남대위'!"

"뭐야? 이게 정말?"

태민이가 얼굴이 빨개지며 화를 내자 주연이와 민주, 용민이가 내

곁에 와서 섰다. 그리고 다른 아이들도 내 주변으로 모여 섰다.

'남대위'는 분열의 움직임이 있는지 처음 나에게 시비를 건 태민이와 성준이 등 몇몇만 계속 남아 있고 나머지 아이들은 슬슬 자리를 피하고 없었다. 태민이가 내 주위에 아이들이 많은 것을 보고 '남대위'를 돌아보았다가 대부분 자리를 피한 것을 확인하고는 주먹을 불끈 쥐었다.

"에이, 진짜 열받아 죽겠네!"

그리고 휙 돌아서 나가 버렸다. 나머지 '남대위'도 태민이를 따라 주춤주춤 돌아서 교실을 나갔다. 우리들은 서로 마주 보고 환하게 웃었다. 우리가 '남대위'를 이긴 것이다. 이제 정면 대결만 남았다. 박태민과 나의 정면 대결 말이다.

오후에 나는 엄마와 함께 태민이네 집에 찾아갔다. 엄마도 태민이 엄마와 이런저런 이야기를 나눠 보고 싶다며 함께 가 주셨다.

엄마가 미리 전화를 한 터라 태민이 엄마는 반갑게 우릴 맞아 주셨고 태민이는 엄마 뒤에서 불안한 표정으로 우리 엄마를 엿보고 있었

다. 엄마는 태민이네 집으로 들어서면서 태민이만 들을 수 있게 살짝 말씀하셨다.

"난 '남대위'가 뭔지 모른다. 네 엄마랑 그냥 수다 떨러 온 거야. 걱정 마."

태민이는 그제야 안심이 되는지 나를 자기 방으로 안내했다. 태민이의 방은 엄청 깔끔했다. '이렇게 깔끔한 아이니 지저분한 석주를 이해하지 못했겠구나' 하는 생각이 들었다.

"왜 왔냐?"

태민이는 불안함과 짜증이 섞인 목소리로 물었다.

"석주를 이해하자."

나는 단도직입적으로 말했다.

"뭐?"

"넌 '남대위' 때문에 선생님께 차별받으니까 좋니?"

태민이가 분한 듯 고개를 획 돌렸다.

"짜증 나."

"석주도 마찬가지야. 석주도 너희들이 왕따시키면 짜증 나."

"석주는 왕따당할 만하잖아."

"뭐가? 어떤 점이? 좀 느려서? 석주가 네 눈에 좀 모자라 보여서? 내 눈에 너는 어린애처럼 유치해 보여."

"뭐야? 이게! 말 다했어?"

"아니, 아직 다 못했어. 그리고 큰 소리 내지 마. 엄마들 들으시면 너한테 별로 안 좋을걸."

나의 협박 아닌 협박에 태민이는 다시 마음을 진정시키는 듯 했다.

"사람마다 다 다르고 사람마다 다 문제를 가지고 있어. 네가 석주를 못 참는 거나, 내가 용기가 부족한 거나 다 문제가 될 수 있지. 하지만 그걸 가지고 그 사람을 차별하고 왕따를 시키면 되겠냐? 네가 차별을 당해 보니까 석주가 좀 이해가 안 되냐?"

태민이는 생각을 하는지 대답 없이 가만히 있었다.

"너희 엄마는 집안일을 엄청 잘하시나 보다. 집이 이렇게 깨끗한 걸 보니까 말이야. 하지만 우리 엄마는 환경 운동을 하시기 때문에 집이 완전히 네츄럴이야. 자연 상태 그대로라고. 벌레도 기어 다니고 곤충도 기어 다니는 게 우리 집이야."

"진짜? 니네 집 끝내주겠다."

"난 가끔 나도 모르게 벌레를 데리고 학교에 갈 때도 있어. 옷에 붙어서 말이야. 어쩜 그게 나를 왕따로 만들 이유가 될 수도 있겠지. 나도 어렸을 땐 그게 싫었는데 지금은 엄마를 이해해. 엄마는 다른 엄마들이 청결을 중요시 하는 것처럼 환경과 자연스러움을 중요시하는 거니까."

"뭐…… 그럴 수도 있겠다."

"석주네는 또 다를 수 있어. 너희 엄마처럼 너를 깔끔한 왕자님으로 만들어 주시는 엄마도 계시지만 바쁘고 힘들어서 그런 데 신경을 못 쓰는 엄마도 있다고."

"누가 뭐래냐?"

"네가 석주에게 그랬잖아. 더럽다고, 지저분하다고 놀렸잖아."

"그건…… 그래서 만이 아니잖아. 석주는 애들을 못살게 굴어. 모자란 게 말이야!"

"석주가 아기 때 잘 못 먹어서 그렇대. 좀 모자라고 느린 게 말이야. 그게 석주 잘못은 아니잖아. 너나 나는 잘 먹을 수 있는 집에 태어난 거고 석주는 아닌 거야. 그게 석주가 차별을 당하고 왕따가 되어야 할 이유는 아니라고 봐."

"그건……."

태민이는 말을 잇지 못하고 고개를 숙였다.

"그리고 석주는 애들하고 놀고 싶어서 그러는 건데 애들이 아무도 석주를 안 끼워 주니까 그런 방식으로 표현을 하는 거야. 그게 옳다는 건 아니지만 석주한테도 기회를 줘야지."

태민이는 여전히 말이 없었다.

"그리고 넌 석주가 오줌을 못 참는다는 걸 알고 있었어. 그런데 석주를 도와주는 게 아니라 괴롭히는 걸 택했어. 그건 정말 비겁하고 옳지 못한 행동이야."

"나도 석주가 바지에 오줌까지 눌 줄은 몰랐어. 난 그냥 걜 좀 곤란하게 만들고 싶었을 뿐이야!"

나는 이해한다는 듯이 고개를 끄덕여 주었다. 그리고 마지막 말을 던졌다. 사실 태민이에게, 그리고 나 스스로에게 가장 하고 싶었던

말이었다.

"박태민. 석주랑 잘 지내라. 석주도 석주 엄마한텐 세상에 하나뿐인 보물이야. 네가 그렇게 함부로 대할 수 있는 애가 아니라고. 세상에 함부로 대해도 되는 사람이 어디 있냐?"

태민이가 고개를 들었다. 그리고 웃으며 말했다.

"야, 이준이, 네가 달리 반장이 아니구나. 뭐 그렇게 어른처럼 말을 하냐?"

"그게 다 환경 운동가이자 세상에 관심이 많은 구청 직원 엄마를 둬서 그렇다. 우리 엄마랑 대화하다 보면 너도 그렇게 될걸?"

나는 그날 처음으로 태민이와 마주 보며 실컷 웃었다.

세상이 조금씩 변하다

이튿날 체육 시간, 태민이가 석주에게 공을 던졌다. 깜짝 놀란 석주가 공을 받아 들고 어쩔 줄 몰라 하고 있는데 태민이가 외쳤다.

"얌마, 다시 나한테 던져 줘야지!"

그제야 태민이의 말을 알아들은 석주가 공을 다시 태민이에게 던졌다. 태민이가 다시 석주에게 공을 던졌다. 태민이와 석주가 그렇게 공 주고받기를 했다. 운동장에 내리쬐는 햇살과 바람이 더욱 따뜻해진 느낌이었다.

초등 생활 보고서 **특별 부록**

차별을 이겨 내는 꼼꼼 체크리스트

하루 중 대부분의 시간을 보내는 학교나 학원에서
친구들과 문제가 생겨 외톨이가 된다면 어떻게 할 것인가?
먼저, 왜 이런 일이 일어났는지, 나에게 어떤 문제점이 있는지,
어떻게 하면 다시 친구들과 예전처럼 지낼 수 있을지
많은 생각과 고민을 하게 될 것이다.
이 책에서는 나를 중심으로 차별당하는 이유를
체크해 보게 하고 차별을 극복해 나갈 방법도 제시한다.
또한, 어린 시절에 차별을 당한 경험이 있는
위인이나 영화 속 주인공들의 이야기를 소개하고
나아가 인기 짱이 되는 비법까지 알려 준다.

01 왕따란?

따돌림, 왕따란?

두 사람 이상이 한 사람을 계속해서 말로 공격하거나, 폭력을 쓰는 행동. 대부분, 비슷한 또래의 친구들에게 일어나는 일이야. 왕따를 당한 아이는 문제 행동을 일으키게 되는데, 부모나 형제에게 욕을 하거나 때리는 경우도 있고, 학교에 가기 싫어하거나, 마음의 병이 생겨 병원 치료를 받아야 하는 경우도 있어. 심한 경우 너무 괴로워서 죽음을 결심하는 친구들도 있지. 마음에 들지 않는 친구가 있다고 무시하거나, 욕을 한다거나, 때린다거나, 괴롭히면 또 다른 피해자가 생긴다는 것 잊지 마.

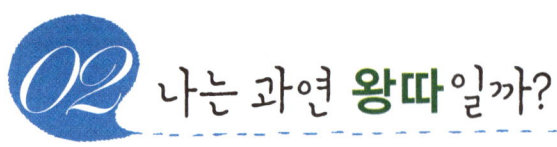

02 나는 과연 왕따일까?

갈수록 친구가 중요해지는 지금 시기에, 친구들에게 인기가 없거나 주위에 친구가 별로 없다면 나는 어떤 사람인지 알아보는 게 좋아.
네 마음가짐은 어떤지, 친구들과 어떻게 지내고 있는지, 혹 외톨이가 될 성향이 있는 건 아닌지. 다음 항목에 몇 개나 해당되는지 체크한 다음, 결과를 보자!

1. 친구를 집에 데려오는 일이 거의 없다. ☐
2. 친구 집에 놀러 가는 일이 거의 없다. ☐
3. 친구들과 전화를 주고받는 일이 드물다. ☐
4. 다른 아이들과 놀이에 잘 어울리지 못한다. ☐
5. 같이 어울릴 친구가 없어 소풍이나 체육 대회를 걱정한다. ☐
6. 점심시간에 혼자서 밥을 먹는다. ☐
7. 반 친구들이 자신을 싫어하는 것 같아 고민된다. ☐
8. 친구들과 함께 운동하는 걸 좋아하지 않는다. ☐
9. 학교에서 새 친구를 사귀는 것이 쉬운 일이 아니라고 생각한다. ☐
10. 자신이 반에서 인기가 없다고 생각한다. ☐
11. 다른 아이들과 함께 하는 숙제 같은 것을 잘 못한다. ☐
12. 학교에 가기가 두렵다. ☐
13. 나를 도와주는 친구가 없다. ☐
14. 나에 대해 나쁜 말을 하고 다녀서 다른 친구들이 나를 싫어하게 만든 친구가 있다. ☐
15. 친구들이 내가 싫어하는 별명으로 나를 부르며 비웃은 적이 있다. ☐
16. 방과 후 군것질을 혼자 먹는 경우가 많다. ☐
17. 모두가 아는 소문을 가장 늦게 전해 듣는 편이다. ☐
18. 친구들한테 성적을 말할 때는 조금씩 거짓말을 한다. ☐

19 비밀이 많은 편이다. ☐
20 친구들이 하는 유행어를 잘 못 알아듣는다. ☐
21 생일 때 부를 친구가 3명이 채 못 된다. ☐
22 편지나 이메일은 일주일에 두 번 이하로 받는다. ☐
23 주말을 집에서 보내는 경우가 대부분이다. ☐
24 솔직히 말해서 좀 지저분한 편이다. ☐
25 지금 우리 반이 마음에 들지 않는다. ☐
26 싫어하는 친구 이름을 적어 내라고 하면 뜨끔하다. ☐
27 자주 하는 말투 중에 '이건 너만 알고 있어'가 있다. ☐
28 같이 노는 친구들 중에서 나보다 잘난 애는 없다. ☐
29 조금이라도 튀어서 선생님께 예쁨을 받고 싶다. ☐
30 나를 이유 없이 괴롭히는 친구가 있다. ☐

나는 외톨이일까? 아닐까?

- **20개 이상** 친구와 어울리는 게 힘드니? 혹시 나한테 문제는 없을까? 친구들을 탓하기 전에 나를 한번 되돌아 봐. 나에게는 문제가 없다고 생각된다면, 당당하게 나서 봐. 두려울 거 없잖아! 힘내!

- **14~19개 사이** 친구들과의 관계에 약간의 어려움이 있구나! 이 책을 읽으면서 어떻게 친구들을 대해야 하는지 곰곰이 생각해 봐. 금방 많은 친구를 사귈 수 있을 거야.

- **13개 이하** 친구들과 잘 어울리고 있구나! 지금처럼 친구들과 좋은 관계를 잘 유지하면 앞으로도 외톨이 될 일은 없을 거야. 좋은 친구들 많이 사귀길 바래.

 ## 나를 돌아봐~ **나를!**

왜 나는 왕따일까? 나에게 아무런 문제가 없는데, 친구들이 왕따시키는 걸까? 혹시 나에게 어떤 문제가 있는 건 아닌지 살펴보자. 다음 중에 나에게 해당되는 게 있다면, 꼭 고치도록 노력해야 해.

값비싼 옷이나 새로 산 학용품 자랑하고 싶어 안달이 났지?

잘난 척 하는 친구는 정말 싫어!
친구들이랑 나눠서 쓸 거 아니라면,
겸손해질 필요가 있어.

다른 사람에 대한 뒷말하는 거 재미있니?

비밀 이야기를 너에게만 조심스럽게 했는데, 다른 친구들이 모두 알고 떠들어 봐. 얼마나 황당하겠니? 비밀은 지켜 줘야지.

혹시 딸기가 친구하자고 하는 성격이야?

너무 부끄러워하고 쑥스러워 하면,
친구들이랑 친해지기 쉽지 않아.
조금 용기를 내 보렴.

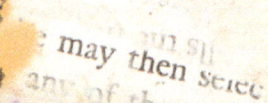

선생님~ 얘가요…….

혹시 선생님께 친구들의 잘못을 고자질하고 있진 않니? 나의 잘못을 듣기고 싶어 하는 친구는 없을 걸? 고자질 하는 대신, 친구의 잘못을 감싸 안아 봐.

혹시 굼벵이가 친구하자고 하진 않니?

동작이 너무 느리면, 친구들이 답답해 할 거야. 그러면 운동 경기를 할 때는 안 끼워 주려고 할 수도 있어. 너 때문에 지긴 싫으니까 말이야. 혹시 살이 너무 쪄서 움직일 때마다 힘이 든다면, 꼭 살을 빼도록 해. 너의 건강을 위해서도 필요하거든!

짜증! 짜증! 짜증!

조금만 마음에 안 드는 일이 생겨도 신경질을 내거나 짜증을 내지는 않니? 인상을 찌푸리면 보는 사람도 그런 표정을 짓게 되니 누가 좋아하겠어!

이건 무슨 냄새야?

너무 깔끔 떠는 것도 보기 안 좋지만, 매무새에 신경을 쓰지 않는 것은 더 곤란해. 머리와 이, 손톱, 발톱 그리고 옷과 신발까지 비싼 것보다 청결이 더 중요하다고!

약속은 개나 주라고?

친구들과 약속은 했지만, 잊어버리기 일쑤라고? 그러면 친구들이 자기를 우습게 여긴다고 생각해서 싫어할 거야. 약속을 못 지켰다고 거짓말로 그 상황만 넘어가려고 하는 것도 곤란해. 거짓말은 나중에 들켰을 때 더 심한 배신감을 느끼게 하거든.

내가 제일 잘난 거 같지?!

친구들이 유치하고 너무 우스워 보이니?
그래서 같이 놀기 싫다고?
그래서 혼자가 된다면 과연 행복해질까?
내가 먼저 친구들에게 맞춰 보려고
노력하는 건 어떨까?

나는야, 지킬 박사와 하이드

혹시 이 사람한테 하는 행동과 저 사람한테 하는 행동이 다른 이중 인격자는 아니겠지? 늘 진실된 모습을 보여 주는 게 중요해.

그래서… 그러니까…

아이고, 답답해라. 네가 원하는 게 뭔지 정확히 전달해 봐. 자신의 생각, 의견을 말하지 못하고 꾸물거리면 친구들이 점점 널 무시하게 되는 거야. 평소에 '내 생각은 이렇다!' 당당하게 말하는 연습을 해 두는 게 중요해.

공부만이 살길이다!

학생은 당연히 공부를 열심히 해야 하지. 하지만 공부에 방해가 된다며 친구들을 따돌린 적은 없니? 공부도 중요하지만, 그만큼 친구와의 관계도 중요한 거야.

혹시 동화 속 주인공?

하루 종일 거울만 들여다보며, 예쁜 척을 하거나 여자라고 연약한 척을 하면서 아무것도 안 하고 남들이 해 주기만을 바라는 건 아니니? '~척' 하는 건 무엇이든 간에 친구들이 싫어하는 거야.

나는야, 알록달록 까마귀!

내 할 일은 제대로 안 하면서 멋만 부린다고? 저런, 그러면 예쁘게 치장한 네 모습조차 안 예뻐 보일걸? 겉만 알록달록하면 뭐하니? 속이 까마귀인데……

나는 엄마의 인형?

어떤 결정이든 엄마한테 물어봐야 하니? 너의 생각은 없는 거야? 물론 부모님의 의견을 들어야 할 문제들이 더 많겠지만, 뭐든지 엄마의 생각대로만 움직이려고 하면, 친구들이 널 많이 답답해 할 거야.

 한 방에 날려 봐!

왕따 때문에 스트레스 많이 받지? 우울하다고 집에만 있고, 의기소침해 하면 더 힘들어질 거야. 몸과 마음이 건강해야 힘든 순간에도 적절하게 대처할 수 있는 거거든. 자~ 지금부터 스트레스를 날려 볼까? 이~~얍!

1. 지금 어떤 감정을 느끼는지 분명히 해 봐.
2. 스트레스를 받는 이유가 무엇인지 명확하게 찾아봐.
3. 심호흡을 하고 화를 잠깐 멈춰 봐.
4. 좋은 방향으로 나의 생각을 바꿔 봐.
5. 한숨 자고 일어나 봐.
6. 악~~~ 하고 크게 소리를 질러 봐.
7. 공책에 화가 나는 일을 몽땅 적어 봐.
8. 가까운 사람에게 나의 속 이야기를 꺼내 봐.
9. 손쉽게 할 수 있는 운동을 하면서 땀을 흘려 봐.
10. 마음이 편안해지는 음악을 들어 봐.
11. 조용한 곳에 편안히 앉아서 차분히 생각해 봐.
12. 늘 즐겁게 생활하려고 스스로 노력해 봐.

출처: 학교 폭력 상담 전문 왕따닷컴

스트레스는 다른 사람 때문에 받는 거지만, 스트레스를 푸는 노력은 내 스스로 해야 하는 거야. 알았지?

 **바꿔! 바꿔!** 모든 걸 다 바꿔!

자~ 스트레스가 어느 정도 풀렸다면,
본격적으로 지금의 상황을 벗어날 수 있도록 노력해 볼까?
처음에는 힘들고 어렵겠지만 차츰 노력하다 보면,
달라지는 너의 모습에 친구들도 점점 달라질 테고,
그러면 언젠가는 친구들과 행복하게 지내는
시간이 찾아올 거야.

8단계 : **자신감**을 가지려고 노력해.
'나는 할 수 있다'고 자주 외쳐 봐.

7단계 : **관심사**를 알아 둬.
유행을 잘 알아 둬야 기회가 생기면 놓치지 않을 수 있어.

6단계 : **유머** 공부 좀 해.
웃음 코드가 맞아야 더욱 친해질 수 있는 거야.

5단계 : **분위기**를 파악해 봐.
친구도 돋보일 수 있게 분위기를 만들어 봐.

4단계 : 내 **주장**을 펼쳐 봐.
자꾸 참으면 더 우습게 보일 수도 있어. 당당하게 내 의사를 표현해 봐.

3단계 : **우정**을 표현해 봐.
친해지고 싶은 친구에게 관심을 표현하고 마음을 전해 봐.

2단계 : **친구**들을 살펴봐.
친구들 중에는 반드시 마음이 넓고 성격이 좋은 친구가 있을 거야.

1단계 : **나**를 고쳐 봐.
친구들과 사이좋게 지내지 못하는 나의 원인을 빨리 알아내는 게 중요해.

06 인기 짱 십계명

이제~ 왕따에서 탈출했니? 와~ 정말 축하해! 지금부터가 또 다른 시작이야!
친구들에게 인기 짱이 되는 방법을 알려 줄게.
인기 짱 십계명을 늘 마음속에 담아 두고 실천해 봐.

1계명 웃는 얼굴에 침 못 뱉는다

친구들을 향하는 예쁜 미소 늘 연습해 두면
그 미소의 향기를 맡고 친구들이 몰려들 거야.
입꼬리가 살짝 위로 올라간 미소는 참 예뻐.
하지만 한쪽만 올라가선 정말 곤란해.
 그건 바로 썩소거든!

2계명 보기 좋은 떡이 먹기도 좋다

똑같은 옷을 입어도 어떻게 입느냐에 따라서 사람이 달라 보여. 가끔 슬쩍슬쩍 거울을 보면서 머리에 까치집을 만들지는 않았는지, 화장실 갔다 와서 옷 매무새는 잘 되었는지, 밥풀을 옷에 붙여 놓은 건 아닌지 체크해 봐. 하지만, 시도 때도 없이 거울을 들여다보면 곤란해. 그게 바로 공주병, 왕자병이거든!

3계명 말 한마디로 천 냥 빚을 갚는다

똑같은 말을 해도 어떻게 말을 하느냐에 따라서 친구의 기분이 좋을 수도 있고, 나쁠 수도 있어. 그만큼 말은 중요한 거야. '고마워'라는 감사의 말은 많이 하면 할수록, '미안해'라는 사과의 말은 빠르면 빠를수록, '정말 대단해!'라는 칭찬의 말은 크게 하면 할수록 친구들이 널 좋아하게 될 거야.

4계명 변덕이 죽 끓듯 한다

시시때때로 마음이 이랬다 저랬다 변하는 변덕쟁이들 옆에 있는 사람들은 참 괴로워. 변하지 않는 마음을 가져 봐. 친구들이 늘 그 자리에 있는 널 반가워 할 거야. 하지만, 나쁜 점까지 늘 그대로 간직하면 아주 곤란해. 나쁜 점은 꼭 고치도록 하자!

5계명 일찍 일어난 새가 벌레를 잡는다

부지런하게 움직여 봐. 친구가 힘들어 하면 나서서 도와주고, 친구들이 하기 싫어하는 일도 척척 해내 봐. 일찍 일어난 새는 벌레를 잡지만, 부지런한 나는 친구를 얻게 될 거야. 그렇다고 너무 오버하면 곤란해. 그러면 친구들이 부담스러워 하거나 네가 늘 해 주길 바라게 될 거야. 뭐든지 적당히 하는 게 중요해.

6계명 비온 뒤에 땅이 굳어진다

누구에게나 힘든 일은 있게 마련이야. 그때마다 좌절하고 너무 힘들어 하면 옆에서 지켜보는 사람도 지치게 되거든. 힘든 일이 있어도 떨치고 씩씩하게 일어나 봐. 친구들이 널 대단하게 보게 될 거야. 그런데 누가 봐도 힘들만한 엄청난 일이 생겼는데, 너무 아무렇지 않게 다니지는 마. 그러면 너에게 무슨 문제가 있다고 생각할지도 모르거든.

7계명 낮말은 새가 듣고, 밤말은 쥐가 듣는다

친구들끼리 모여서 미운 친구에 대해서 실컷 얘기하고 나면 속 시원하지? 하지만, 반대로 내가 없을 때 친구들이 내 이야기를 나쁘게 한다고 생각해 봐. 그건 정말 싫겠지? 칭찬은 하면 할수록 좋지만, 욕이나 비난은 안 하면 안 할수록 좋은 거야. 특히 그 사람이 없을 때는 더더욱 말이야. 그런데 속이 너무 답답해서 힘들면, '임금님 귀는 당나귀 귀'를 외쳤던 사람처럼 아무도 없는 곳에서 외쳐 봐. 속이 후련해지긴 할 거야.

8계명 털어서 먼지 안 나는 사람 없다

큰 것이든, 작은 것이든, 누구에게나 나쁜 점은 있게 마련이야. 그런데 우리 눈에는 다른 사람의 나쁜 점이 크게 보일 뿐이거든. 마찬가지로 친구의 눈에는 나의 나쁜 점이 크게 보일 수도 있어. 그러니까 나에게 큰 피해를 주지 않는다면, 눈 감아 주는 것도 괜찮아. 그런데, 눈에 보일 정도로 커다란 먼지는 좀 털어 주는 게 친구로서 예의겠지?

9계명 제 살이 아프면 남의 살도 아픈 줄 알아라

내가 하기 싫은 건 친구도 마찬가지일 거야. 내가 하기 싫은 걸 친구한테만 시키면 그건 친구들과 친하게 지내기 싫다는 말과 똑같아. 오히려 내가 조금 아프더라도 친구를 감싸 주고, 보호해 주면 분명히 친구도 나중에 똑같이 해 줄 거야. 그런데 나 혼자서만 희생하면서 모든 걸 다 해 주려고 하지는 마. 그러면 못된 친구들 중에는 네가 늘 그래 주기를 기대해서 네가 피곤해질 수도 있거든.

10계명 열 번 찍어 안 넘어가는 나무 없다

노력을 하면 안 되는 일이 없다는 뜻이야. 친구들은 뭐든지 잘하는 아이를 곁에 두고 싶어 해. 왜냐하면 보고 배울 점이 많으니까! 하지만, 운동이나 공부, 발표를 한순간에 잘하게 되는 건 아니야. 열 번이고 스무 번이고 노력해야 얻어지는 거지. 그런데 똑같은 것을 매일매일 백 번이고 천 번이고 노력해 봤는데도 안 된다면? 그럼, 다른 걸 노력해 보는 것도 좋을 거야. 가끔 소질이 정말 없어서 안 되는 경우도 있거든.

너 자신에게 긍정적인 마음과 자신감을 갖고, 남을 배려할 줄 아는 마음을 갖는다면 넌 친구들과 언제까지나 잘 지낼 수 있을 거야. 파이팅~

07 나의왕따 이야기 - **위인편**

토마스 에디슨(1847~1931)

발명가로 유명한 에디슨 알지? 한번쯤은 모두 들어봤을 거야.
그런데 에디슨이 학창 시절에 선생님도 포기한 학생이었다는 거 아니? 수업을 방해할 정도로 엉뚱한 질문을 하고, 늘 혼자만의 생각에 사로잡혔던 학생을 누가 좋아했겠어? 하지만 좌절하지 않고 자신의 장점을 살려서 열심히 노력한 끝에, 세계적으로 인정받는 훌륭한 발명가가 됐잖아.
나의 단점이 뭘까? 살펴보고 고치는 것도 필요하지만, 에디슨처럼 나의 장점이 뭔지 살펴보고 키워 나가는 것도 꼭 필요해.

나폴레옹(1769~1821)

프랑스의 황제였으며, 유럽 대륙을 정복한 나폴레옹.
키가 많이 작았던 나폴레옹은 친구들 사이에서 놀림을 받았나 봐. 하지만 그의 업적은 정말 대단하지?
옛말에 '작은 고추가 맵다!' 라는 말이 있는데, 나폴레옹이 바로 그 말과 딱 어울리는 위인이지! 그런데 나폴레옹은 현실의 친구 대신, 문학 작품 속의 친구를 사귀었나 봐. 친구들이 놀려서 괴로울 때마다 열심히 책을 봤대.

아이작 뉴턴(1642~1727)

만유인력을 말한 뉴턴도 에디슨처럼 수업 시간에 딴 생각을 많이 했나 봐. 매일 딴 생각에 정신을 팔다가 선생님의 질문에 엉뚱한 대답을 한 적이 있었대. 그때 당황해서 울었는데, 그 후로 친구들에게 놀림감이 되었어. 하지만 우리도 수업 시간에 늘 공부만 하는 건 아니잖아?

장영실 (조선 시대, 세종 때)

해시계, 물시계를 발명한 우리나라의 유명한 발명가 장영실 알지?
장영실도 어렸을 적에 기생의 아들이라고 동네 친구들한테 따돌림을 받았대. 하지만,
꿋꿋하게 이겨내고 훌륭한 발명가가 되었지!

칭기즈칸 (1155~1227)

몽골 제국의 제1대 왕인 칭기즈칸은 전 세계에 그의 말발굽이 닿지 않은 곳이 없다고 할 정도로 위대한 정복자였어. 하지만 그의 과거는 그가 지은 한 편의 시에서 드러나듯이 아주 비참했지. 우리 모두 칭기즈칸의 시를 읽으면서 지금 내가 얼마나 배부른 고민을 하고 있는지 반성 좀 해 보자!

집안이 나쁘다고 탓하지 말라.
나는 아홉 살 때 아버지를 잃고 마을에서 쫓겨났다.

가난하다고 말하지 말라.
나는 들쥐를 잡아먹으며 연명했고, 목숨을 건 전쟁이 내 직업이고 내 일이었다.

작은 나라에서 태어났다고 말하지 말라.
그림자 말고는 친구도 없고 병사로만 10만. 백성은 어린애, 노인까지 합쳐 2백만도 되지 않았다.

배운 게 없다고 힘이 없다고 탓하지 말라.
나는 내 이름도 쓸 줄 몰랐으나 남의 말에 귀 기울이면서 현명해지는 법을 배웠다.

너무 막막하다고, 그래서 포기해야겠다고 말하지 말라.
나는 목에 칼을 쓰고도 탈출했고, 뺨에 화살을 맞고 죽었다 살아나기도 했다.

적은 밖에 있는 것이 아니라 내 안에 있었다.
나는 내게 거추장스러운 것은 깡그리 쓸어버렸다.

내 이름은 테무친이 아니라……
나를 극복한 세계의 지배자 칭기즈칸이다!

 **나의 왕따 이야기 – 영화편**

책 읽는 건 아무래도 나와 안 맞는다고? 그렇다면 시간가는 줄 모르는 재미있는 영화는 어떨까? 주인공이 비록 왕따였지만, 스스로 혹은 주변의 도움으로 극복하는 모습을 보면 자신감이 생길 거야!

 포레스트 검프

영화의 주인공 포레스트는 다리에 항상 보철기를 하고 다녀. 그런 그의 모습은 우스워 보이는 데다 포레스트는 저능아이기까지 하니, 친구들이 얼마나 무시하며 놀렸겠어? 이런 포레스트에게도 짝사랑을 하던 여자친구가 있었는데, 그 아이 이름이 제니야. 어느 날 자신을 무시하고 놀리는 친구들을 피해서 달려가다가 제니가 '달려, 포레스트!' 하고 외치자, 기적같이 빨리 달리기 시작했어. 자신이 빠르게 달릴 수 있다는 걸 깨달은 포레스트는 그후 미식축구 선수가 되어 고등학교와 대학에 진학을 하고, 학교를 졸업한 뒤 베트남 전쟁에 참전해 위기에 처한 전우를 구해 전쟁 영웅까지 되지. 제니의 말 한마디가 포레스트의 인생을 바꿔 놓은 거야. 혹시 지금 나의 말 한마디가 힘든 시기를 보내고 있는 친구의 인생을 바꿔 놓을 지도 몰라. 따뜻한 말 한마디라도 먼저 건네 보는 게 어떨까?

> 인생은 초콜릿 상자에 있는 초콜릿과 같다.
> 어떤 초콜릿을 선택하느냐에 따라서 맛이 달라지듯이 우리의 인생도
> 어떻게 선택하느냐에 따라 인생의 결과가 달라질 수 있다.
> – '포레스트 검프' 중에서 –

02 내일의 나를 만드는 방법

어느 학교에나 왕따당하는 아이, 인기 있는 아이, 아니면 그냥 평범한 아이들이 있어. 영화의 주인공인 주리는 평범한 아이였어. 같은 반에는 모든 아이들에게 인기 있는 카나코라는 친구가 있었지. 주리는 그런 카나코를 부러워했어. 그런데 주리가 학교를 며칠 못 나온 사이 카나코가 왕따로 바뀌어 있는 거야.
 그 후 카나코가 먼 곳으로 이사를 가자 주리는 자신의 이름을 숨기고 메일을 보내. 사람들에게 인기 짱인 '히나'의 일상을 엮은 '히나와 고토리 이야기'를 해 준거야. 카나코에게 왕따에서 벗어나기 위한 조언을 해 주기 시작한 거지.
한편, 시골 학교로 간 카나코는 주리의 메일을 받고 마음을 바꿔 새롭게 학교 생활을 하게 되었지. 이를 계기로 왕따에서 벗어난 건 물론이야.
반에서 왕따를 당한 친구에게 도움을 주고 싶은데, 같이 왕따를 당할까 봐 겁이 난다고? 그렇다면 주리처럼 메일이나 문자로 도움을 주는 건 어떨까?

03 헤어스프레이

키작고 뚱뚱하고 수줍음 많은 왕따 주인공 트레이시.
우리는 때때로 키작고, 뚱뚱하고, 못생긴 친구들을 놀리고 한심하게 생각하잖아. 하지만 트레이시를 보고 나면 생각이 좀 달라질걸? 꼭 외모가 전부는 아니라고 말이야. 영화를 보면 마지막 장면에서 아웃사이더 흑인들과 뚱녀 트레이시의 천방지축 쇼를 보던 미와 권력의 화신 벨마가 '이게 웬 난장판이냐' 며 따지자 '이것이 미래다' 라는 남자 주인공의 자신있는 대답이 아주 통쾌하게 느껴질 거야.
내가 지금 왕따를 겪고 있다면, 너무 현실에만 빠져서 슬퍼하지 마. 트레이시처럼 늘 희망을 가지고, 꿈을 향해 나아간다면 언젠가 분명히 이루어질 테니까!

프린세스 다이어리

16살의 대인 기피증이 있는 미아는 퀸카이자 치어리더인 친구에게 왕따를 당하는 아이야. 그런데, 알고 보니 미아가 제노비아라는 나라의 공주였다지 뭐야. 정말 꿈같은 일이지?
하지만 공주 같지 않은 미아는 오히려 왕따만 더 당하게 돼. 미아는 자기가 제대로 하는 게 없어 제노비아의 왕이 될 수 없다고 생각해. 하지만 용기를 내어 열심히 노력하자 사람들이 점점 미아를 공주로 인정하기 시작해. 친구들도 프린세스 다이어리를 보면서 용기를 얻고 이 영화의 주인공 미아처럼 힘든 상황에서도 이겨 내길!

 아홉 살 인생

깡패였던 아버지와 애꾸눈인 어머니, 그리고 다섯 살짜리 여동생이 주인공 여민이의 가족이야. 길에서 주운 어린 강아지도 키울 수 없어 집주인의 아이들에게 선물로 줄 수밖에 없던 여민이네는 어느 산동네 꼭대기 집에 살게 되면서 많은 사람을 만나게 되지. 자식이 있는지도 모르고 외롭게 살다가 죽은 토굴 할매, 세상사를 상상으로 사는 진실한 거짓말쟁이지만 누이와 외롭고 힘들게 살아가는 기종이, 허영심이 많고 도도한 여민이의 첫사랑 우림이, 월남전에서 한 팔을 잃었지만 기종이의 누이를 사랑하는 정 많은 외팔이 하상사…….
여민이 주위에는 모두 차별 받는 힘없고 불쌍한 사람들뿐이네.
가끔 지치고, 힘들 때는 이런 생각을 해 봐.
'세상에는 나보다 힘든 사람이 더 많지만, 그들도 힘을 내서 살아간다'고 말이야. 영화를 보고 나면 나는 행복하다는 것을 느낄 수 있을 거야.

06 마이티

엄마를 잃고 외할아버지와 함께 사는 맥스. 13살 나이에 어울리지 않는 거대한 몸집과 학습 장애 때문에 친구들은 '고릴라'라고 놀리기만 해. 그래서 맥스가 바라보는 세상은 지옥 같았고, 사람들의 비웃음을 피할 수 있는 유일한 방법은 잠자는 것뿐이었어. 그런데 어느 날, 옆집에 케빈이라는 동갑내기 소년이 이사를 와. 케빈은 선천성 기형아로 등이 굽었고 제대로 걷지도 못하지. 그러나 아주 똑똑한 친구였어. 맥스와 케빈이 어울리자 친구들은 '프랑켄슈타인과 노틀담의 꼽추'라고 부르며 놀리지만, 둘은 세상 누구보다 서로를 위해 주는 친구가 돼. 케빈은 맥스의 머리가 되었고, 맥스는 케빈의 다리가 되어 주면서 말이야.

 07 말아톤

말아톤은 자폐증을 앓고 있는 '배형진'이라는 소년의 실제 이야기로 만들어진 영화야. 얼룩말과 초코파이를 좋아하는, 겉보기엔 또래 아이들과 다를 것 없는 귀엽고 사랑스럽기만 한 초원이는 자폐증 아이야.
초원이는 5살 어린애나 마찬가지야. 모르는 사람 앞에서 아무렇지도 않게 방귀를 뀌고, 동생에겐 마치 선생님 대하듯 깍듯이 존댓말을 쓰고, 음악만 나오면 아무 데서나 특유의 막춤을 선보이기 일쑤지. 그런 초원이가 달리기만큼은 다른 아이들보다 월등한 능력을 가지고 있어. 어린 시절부터 꾸준히 노력한 결과 국내 최연소 철인 3종 완주 기록까지 세운 거야.

09 클릭! Help me~

지금 석주처럼 친구들에게 왕따를 당하고 있니?
저런, 누구한테 말도 못하고 혼자 속으로 끙끙 앓고 있겠구나.

혹시, 태민이처럼 친구를 왕따시키는 데 앞장서고 있는 건 아니니?
그렇다면, 이젠 괴롭히는 게 습관이 돼서 행동이 멈춰지지도 않겠구나.

아니면, 주변에 왕따당하는 친구를 지켜보고만 있니?
도와주고는 싶지만, 혹시 나까지 피해를 입을까 봐 두려워서
모르는 척 하고 있겠구나.

그렇다면, 클릭 한 번으로 도움의 손길을 뻗어 봐.
왕따는 당하는 친구 입장에서는 창살 없는 감옥이나 마찬가지로 너무 괴롭거든.
너희들의 관심이 큰 도움이 될 거야.

청소년 상담 인터넷 주소 안내

- ♥ 학교 폭력 상담 전문 왕따닷컴 — http://www.wangtta.com
- ♥ 청소년 폭력 예방 재단 — http://www.jikim.net
- ♥ 한국 청소년 상담원 — http://www.kyci.or.kr
- ♥ 청소년 상담 지원 센터 — http://www.teen1318.or.kr
- ♥ 소아 청소년 정신 건강 클리닉 — http://www.drchoi.pe.kr
- ♥ 학교 폭력 피해자 가족 협의회 우리아이 — http://www.uri-i.or.kr
- ♥ 다음 까페 '학교가기 싫어!' — http://cafe.daum.net/smillingschool
- ♥ 청소년 희망 재단 — http://www.safeschool.or.kr
- ♥ 1338 청소년 전화 — http://1388.kyci.or.kr
- ♥ 박유순의 인터넷 상담실 — http://users.unitel.co.kr/~yusun

10 내 마음을 받아 줘

친구가 되고 싶은 아이가 있니? 직접 얼굴을 보고는 말을 못하겠다고? 그렇다면 편지를 써서 네 마음을 전해 봐. 그런데 어떻게 써야 할지 잘 모르겠다면, 이 책을 다시 한 번 읽어 봐. 이 책을 꼼꼼히 읽으면 진실한 마음이 담긴 편지를 쓸 수 있을 거야.

친구가 되고 싶은 _____ 에게

친구가 되고 싶은 _____ 에게

 나는 어떤 **친구**일까?

친구들이 나를 어떻게 생각하는지 궁금하니? 여기 롤링 페이퍼를 관심 있는 친구들에게 돌려 봐. 친구들의 의견을 듣고 긍정적으로 변해가는 것 잊지 말고!

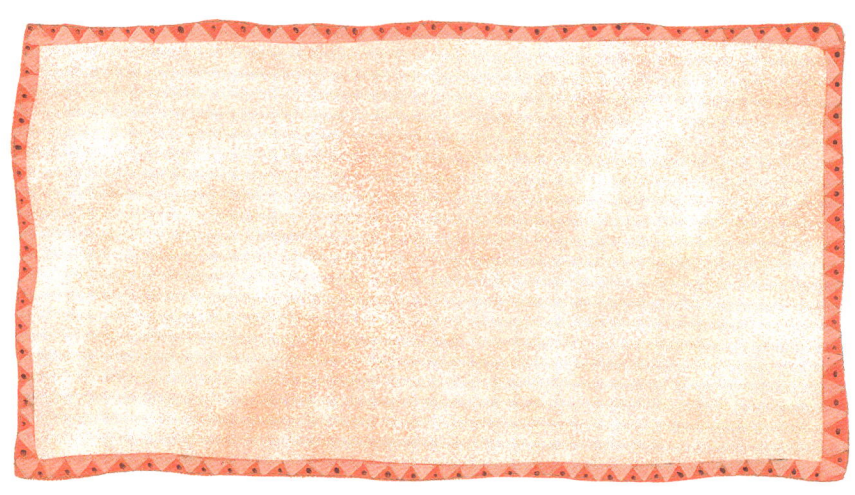

나는 어떤 친구니?
나의 좋은 점과 나쁜 점을 하나씩만 알려 줘.
좋은 점은 더욱 발전시키고,
나쁜 점은 고치도록 노력할게.

나는 어떤 친구니?
나의 좋은 점과 나쁜 점을 하나씩만 알려 줘.
좋은 점은 더욱 발전시키고,
나쁜 점은 고치도록 노력할게.

나는 어떤 친구니?
나의 좋은 점과 나쁜 점을 하나씩만 알려 줘.
좋은 점은 더욱 발전시키고,
나쁜 점은 고치도록 노력할게.

나는 어떤 친구니?
나의 좋은 점과 나쁜 점을 하나씩만 알려 줘.
좋은 점은 더욱 발전시키고,
나쁜 점은 고치도록 노력할게.

나는 어떤 친구니?
나의 좋은 점과 나쁜 점을 하나씩만 알려 줘.
좋은 점은 더욱 발전시키고,
나쁜 점은 고치도록 노력할게.